바이블 스토리텔링

초급훈련과정

한국대학생선교회
Korea Campus Crusade for Christ

바이블스토리텔링 : 초급훈련과정

2010년 9월 20일 초판 1쇄 발행

엮은이 한국대학생선교회 (바이블스토리텔링 운동본부_장기문)

감 수 한국대학생선교회_MRD

펴낸이 김윤희

펴낸곳 순출판사

디자인 CCC DIA_조아라

주 소 서울시 서대문구 홍제 4동 215번지

전 화 02) 722-6931 ~2, 팩 스 02) 722-6933

가 격 4,000

ISBN 978-89-389-0213-9

책 내용과 관련된 문의는 한국대학생선교회_바이블스토리텔링(02-394-2007)로 문의바랍니다.

바이블스토리텔링 세미나에 대한 문의는 운동본부로 해주세요.

02-394-2007 | www.성경스토리텔링.org

바이블 스토리 텔링 훈련 참석자들의 간증

"2박 3일 동안 목회현장에 너무도 필요한 복음의 내용을 훈련 받아 목회에 활력을 불어 넣을 수 있게 되었습니다. 담임 목사로써 불신자, 새 신자, 초신자 들을 모아 복음을 전하고 양육하므로 섬기는 교회와 증인의 공동체로 성장하는데 큰 도움이 될 것입니다."

– 광주신안교회 우수명 목사

"이 훈련은 복음의 말씀으로 무장할 수 있고, 말씀 속에서 변화된 저 자신의 삶의 간증을 통해 복음을 전할 수 있게 됨으로 심장이 뛰는 기쁨을 안겨 주었습니다. 이번에 받은 훈련을 잘 실천해 압구정에 있는 우리 교회가 하나님의 강력한 도구로 성공적인 사역을 함으로서 하나님께 영광 돌릴 것을 확신합니다."

– 압구정 예수교회 임우성 목사

"성경의 사건들과 연계해 복음의 핵심을 전달하는 바이블 스토리 텔링은 아주 매력적입니다. 배운 대로 성경 말씀을 확신 있게 전할 때 성령께서 역사하셔서 바이블 스토리 텔링 사역 전략이 많은 열매를 맺는 소중한 전도 도구가 되어 한국 교회에 확산되리라 생각합니다. 귀한 사역에 최선을 다해 더욱 힘을 쏟고 싶습니다."

– 빛과 소금교회 최학규목사

"좋은 훈련 받게 되어 감사를 드립니다. 불신자에게 친근하게 다가가 사용할 수 있는 좋은 전도 도구라고 생각합니다. 앞으로 기도하면서 구체적 계획을 세워서 목회 현장에서 실행할 것입니다."

– 목동신성교회 양서규 목사

"성경 스토리와 자신의 삶의 스토리에서 다른 사람들에게 자신이 경험한 것을 먼저 전해 주기 때문에 감동이 있습니다. 제 자신이 성경이야기를 통해 하나님을 만났고 생명이 다시 살게 되었을 뿐 아니라 제 인생의 여러 문제들에 대해 고민하면서 답을 얻었기에, 문제 속에 살아가는 수 많은 사람들에게 답을 얻게 하는 데 도움을 줄 수 있는 전달 법을 배웠다고 생각합니다."

– 순천 새 중앙 교회 김종배 목사

"복음 전도와 설교에 많은 통찰력을 얻게 된 너무나 귀한 세미나였습니다. 특히 설교에 다양하게 적용해 보았으면 하는 마음입니다. 점점 본문 말씀 중심의 설교가 사라져가는 한국 강단에 풍성한 하나님 말씀이 임하는 교회가 되게 하는 데 바이블 스토리 텔링이 귀하게 쓰임 받고 전도의 열매를 맺는 도구가 되기를 소원합니다."

– 여수 큰 사랑교회 조기문 목사

"한국 교회와 모든 선교단체에 꼭 추천하고 싶은 프로그램입니다. 여러 가지 전도, 육성 방법이 있으나 본 바이블 스토리 텔링 프로그램은 남녀노소, 교역자, 평신도 관계없이 도입하여 쓸 수 있습니다. 지진과 폭풍 같은 생명의 역사가 나타나리라 믿습니다.

– 한국CCC 일본 선교사 김안신 목사

"구슬이 서 말이라도 꿰어야 보배라는 말이 있습니다. 우리가 알고 있는 많은 성경의 이야기들을 체계적으로 정리하여 외워서 전할 수 있도록 구성된 바이블스토리텔링은 모든 족속으로 제자를 삼으라는 우리 주님의 지상명령 성취를 위한 효과적인 전달 자로 쓰임 받도록 단기간에 배울 수 있는 과정입니다. 특별히 개 교회에 접목할 수 있는 전도와 제자화 사역에 큰 역할을 감당할 수 있으므로 목회자들에게 적극 추천하고 싶습니다.

–광주 월산교회 장석진 목사

"새롭게 시작하는 '바이블 스토리 텔링' 훈련에 1차로 참가할 수 있게 된 것에 감사하고 큰 영광으로 생각합니다. 도전과 많은 은혜를 받았으나 동시에 또 과제를 받아 돌아갑니다. 교회에 돌아가 열심히 적용하여 전도의 새로운 모델, 이 시대의 불신자 전도의 혁신적인 대안이 되도록 힘쓰겠습니다.

– 청주 모충교회 노양호 목사

"교회 개척을 하고 어떻게 전도를 할 것인가 고민이 많았습니다. 바이블 스토리 텔링 전도는 말씀과 삶이 부딪힐 때 변화가 일어난다는 깨달음을 얻었습니다. 수단 보다는 목적이 앞서고, 단순한 전도의 도구이기 보다는 복음의 핵심과 우리 삶의 내용이 있는 바이블 스토리 텔링 전도법에 새로운 도전을 해 보길 원합니다."

– 사랑 심는 교회 조권형 목사

"소형교회도 활용할 수 있는 전도 방법이고 열매 또한 많으리라 생각합니다. 전도에 대한 자신감을 갖게 되었습니다. 빨리 적용해 보고 싶습니다."

– 섬기는 교회 이병휘 목사

"전도의 도구로서뿐만 아니라 성경 전체를 조망할 수 있는 점이 좋습니다. 성경 본문의 스토리를 볼 때마다 제 삶의 인생스토리와 연관해서 생각함으로 성경 말씀이 더욱 생명력이 있게 다가올 것 같습니다. 전도 대상에 따라 자유롭게 여러 가지 이야기를 골라 선택해 전할 수 있는 소재가 많아 좋습니다. 개인전도에 활용하고 교회 안에서 전도교육에 적용하면 좋으리라 믿습니다."

– 순천 대대교회 공학섭 목사

❖ 책을 펴내면서

그리스도인은 누구나 모든 족속에게 복음을 전파하라는 지상명령의 성취를 돕는 자들로 부름 받았습니다. (마 28:18~20)

우리는 가능한 모든 방법을 총동원해 때를 얻든지 못 얻든지(딤후 4:2,5) 주님이 맡기신 사명을 수행해야 합니다. 인류의 역사는 우리가 의식하든 하지 않든 복음이 땅 끝 까지 전파되는 시점을 향해 나아가고 있다는 점을 기억해야 합니다(마 24:12).

그렇게 볼 때 이 〈바이블 스토리 텔링〉 초급과정은 복음 전파라는 우리의 사명을 효과적으로 완수하는 데 귀중한 도구로 쓰일 것이라 믿습니다. 특히 이 교재는 세 가지 면에서 장점과 유용성을 가지고 있습니다.

첫째, 해외선교적 측면에서 볼 때 이 〈바이블 스토리 텔링〉 전략은 자신들의 언어로 기록된 성경이 없는 구전 문화권의 10억 이상의 미전도 종족에게 자연스럽고 접근이 용이한 방법으로 복음을 전할 수 있는 적절한 도구라는 점입니다. 물론 번역된 성경이 있어도 글을 읽을 줄 모르는 사람들에게도 이 바리이블 스토리 텔링 기법 전도라면 쉽게 성경 이야기를 들려주고 복음을 전할 수 있습니다. 해외로 나가는 장 단기 선교사들이 이 방법을 잘 배운다면 선교 현지에서 이 방법으로 아주 자연스럽고도 창의적인 접근으로 말씀 중심의 적극적인 선교를 할 수 있을 것입니다.

둘째, 전도와 제자화의 측면에서 볼 때 〈바이블 스토리 텔링〉 전략은 성경 속 스토리들을 간단한 형태로 만들어 주변의 불신 이웃들에게 대화 주제로 삼아 손쉽게 전도할 수 있도록 돼 있다는 점입니다. 이 방법은 단기간에 배울 수 있을 뿐만 아니라 배운 바를 바로 다른 사람들에게 전수하여 제자화할 수도 있습니다. 이런 점에서 조직적이고 체계적인 빡빡한 시스템하에서만 가능한 전도 훈련과 제자화 훈련이 언제 어디서든 소규모로 큰 조직이나 시스템과 인력이 없이도 가능하기 때문에 한국 사회의 다양한 계층들에게 효과적으로 복음이 확산되게 하는데 큰 역할을 할 것입니다.

마지막으로 부흥과 각성이라는 측면에서 〈바이블 스토리 텔링〉 전략은 훌륭한 도구가 되고 있다는 점입니다. 지금까지 세계 곳곳에서 성경 스토리들을 들은 심령들 마다 성령이 임하셔서 회개와 깨달음의 역사가 일어나게 하고 있습니다. 시대를 막론하고 성령께서는 진리인 성경말씀이 담대하게 전해진 곳마다 구원의 역사가 일어나게 하셨다는 건 교회사가 증명하고 있는 바입니다. 다시 한 번 전 세계적인 부흥과 각성이 필요한 이 시대에 이 바이블 스토리 텔링 사역이 바로 그런 부흥과 각성을 우리 시대에 일으키는 데, 그리고 성도와 교회의 갱신을 가져오는 데 또 하나의 귀한 도구가 될 것입니다.

이 교재가 복음 증거의 훌륭한 도구로 여러 사람들에게 널리 훈련 되고 꼭 필요한 곳에 잘 활용되어 우리 주님의 구원의 말씀이 캠퍼스는 물론, 우리 사회의 모든 계층과 세계 모든 나라 가운데서 목마른 영혼들에게 힘차게 증거되어 우리 주님의 지상명령이 속히 성취되기를 간절히 기도합니다.

한국대학생선교회 대표 박성민 목사

❖ 서　문

〈바이블 스토리 텔링〉 사역은 한국 교회에는 아직은 생소한 감이 없지 않다고 생각합니다. 바이블 스토리 텔링을 논하기 전에 먼저 스토리 텔링의 사전적 정의를 살펴보면 "다양한 소재로 만들어진 이야기 뭉치를 인간이 표현할 수 있는 총체적 기호체계에 의해 관객(들)에게 흥미롭게 전달하는 행위"라고 할 수 있습니다.
그렇다면 〈바이블 스토리 텔링〉은 무엇일까요? 그것은 "성경의 주요 사건들을 어떤 대 주제 하에 일련의 스토리로 만들어 자연스럽게, 그리고 지속적으로 예수 그리스도에 대한 자신의 체험을 곁들여 복음을 전하는 것"이라고 할 수 있습니다. 원래 이 사역은 문자나 기록이 없는 구전 문화권의 미전도 종족들에게 성경의 사건들을 이야기처럼 구성해 그들의 언어로 들려줌으로써 자연스럽게 예수 그리스도의 복음을 전하기 위해 개발된 전략입니다. 지금도 이 방법은 전 세계의 여러 구전 문화권의 미전도 종족들 및 어린이들과 여성, 또한 문맹자들을 위한 가장 뛰어나면서도 적합한 복음 증거의 도구로 널리 활용되고 있습니다.

한국대학생선교회에서 국내에 처음 소개하는 〈바이블 스토리 텔링〉 사역은 초급 과정, 중급 과정, 고급 과정으로 구성되어 있습니다. 초급 과정에서는 초신자나 불신자에게 예수 그리스도를 대속자로 소개하는 데 초점을 두고 개발되어 있으며, 중급 과정에서는 바이블스토리를 통해서 복음을 듣고 관심을 보인 사람들을 제자화 해 양육하는 데, 그리고 고급 과정에서는 믿음의 성숙을 위한 훈련에 초점을 두고 있습니다.

초급과정은 성경의 방대한 내용 가운데 복음의 핵심을 전달해주고 있는 스토리를 5개로 축약하여 만들었습니다. 교회와 캠퍼스는 물론 선교지에서도 활용할 수 있도록 8주 과정으로 구성되어 있습니다. 단순히 성경 스토리를 아는 것에 그치는 게 아니라, 배운 스토리를 철저하게 외우고 자기화 해 전도 현장에서 실천하게 하는 데 목적이 있습니다. 그래서 주변의 많은 불신자들에게 자신이 만나고 체험한 예수 그리스도를 성경 이야기와 접목해 살아있는 복음 스토리를 전하는 것이 주 목적입니다. 대개는 개인적 관계가 형성되어 있는 사람들에게 전하는 것이 더 효과적이며, 가급적이면 전한 후에도 그들을 계속 스토리 그룹에 초청해 그 다음 성경 스토리를 전해주는 것이 더욱 효과적입니다. 전도는 물론 지속적인 성경스토리를 제공해 줌으로서 제자화까지 가능하게 한 것입니다.

이 교재로 훈련을 받는 캠퍼스의 대학생들, 교회 지도자들, 그리고 장단기 선교사들 및 선교기관 종사자들 모두가 훌륭한 〈바이블 스토리 텔러〉가 되어, 그 스토리로 자신이 먼저 삶의 변화를 경험하고 더 나아가 자신을 변화시킨 그 복음 스토리를 삶의 현장 어디에서나 – 국내든 해외든 – 충성스럽게 전해 예수 그리스도의 거룩하신 이름이 세계 열방 가운데 높임을 받고 하나님 나라가 이 땅에 속히 이루어지길 간절히 소망합니다.

CCC 바이블 스토리 텔링 사역 책임 장기문 목사

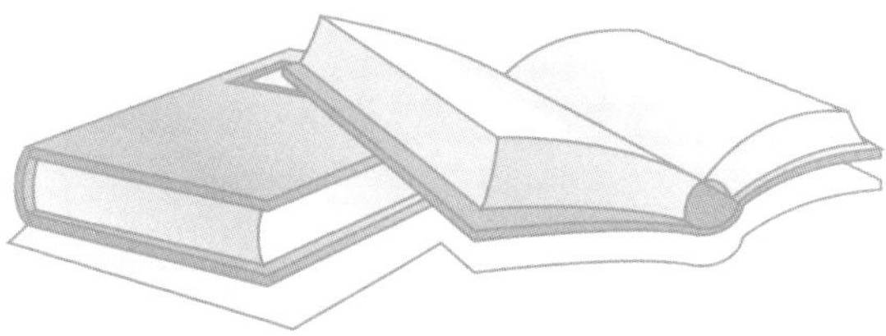

목 차

1

바이블 스토리 텔링 개관

1. 스토리 텔링 소개

A. 스토리 텔링(Story Telling)의 일반적 정의

"다양한 소재로 만들어진 이야기들을 인간이 표현할 수 있는 여러 가지 기호체계(예: 언어, 표정, 손동작, 억양과 톤 등)에 의해서 관객(들)에게 흥미롭게 전달하는 행위"

B. 바이블스토리텔링(Bible Story Telling)에 대한 정의

"성경의 주요 사건들이나 인물들을 특별한 주제하에 일련의 스토리로 만들어 자신의 구원자 예수 그리스도를 만난 체험과 결부시켜 자연스럽게, 지속적으로 이야기 스타일로 전하는 것"이다.

C. 바이블 스토리 텔링의 특징

1) 함축적(Implicative)

66권의 방대한 성경 이야기들을 짧고 간략한 형태로 만들어 이해하기 쉽게 해준다.

2) 연계적(Connective)

개별 성경의 스토리들을 대 주제에 따라 시리즈로 만들어서 서로 보완이 되게 함으로써 전체의 스토리가 한 눈에 이해되도록 돕는다.

3) 감성적(Emotional)

문자로 된 다소 딱딱한 성경 내용을 자신의 삶의 스토리와 연결하여 피와 살과 숨결이 느껴지는 생동감 있는 이야기로 만들어 준다.

4) 제자화(Making Disciples)

스토리를 듣고 변화된 사람이 동일한 방법으로 또 다른 사람들에게 전수할 수 있다.

2. 바이블 스토리 텔링의 장점

1) 성경 전체를 쉽게 이해할 수 있게 해 준다.
2) 성경 말씀이 성령 안에서 역사하여 실제적인 삶의 변화에 직접적 도움을 준다.
3) 귀로 들은 성경 말씀은 쉽게 오랫동안 기억되며 빠르게 전수 확산되게 해 준다.
4) 대상과 시간 장소에 구애 받지 않고 복음을 전하는데 용이하다.
5) 실제적으로 적용해 본 결과 효과가 입증된 교회 개척, 전도와 선교 및 부흥의 방법이다.
6) 지금까지 알려진 구전 문화권의 미전도 종족 선교 도구 중 가장 효과적이고 적합한 선교 방법이다.
7) 모국어로 된 성경이나 문자가 없는 종족에게도 복음을 전할 수 있는 방법이다.
8) 상대적으로 적은 선교 비용으로도 복음을 전할 수 있는 방법이다.
9) 지속적인 스토리 텔링을 통해 복음의 재생산이 가능하며 영적 운동을 일으킬 수 있는 방법이다.
10) 장 단기 선교사들이 활용할 수 있는 해외 선교의 훌륭한 한 방법이다.

3. 바이블 스토리 텔링에서 기억해야 할 사항들.

1) 하나님의 말씀을 증거하고자 하는 열심을 주시도록 기도하라.
2) 말씀을 통하여 주신 하나님의 뜻을 정확하게 전달할 수 있는 지혜를 구하라.
3) 전하고 싶은 성경 본문을 큰 소리로 여러 번 읽고, 서로 다른 번역본이나 참고 자료를 통해 내용을 충분히 이해하여 4분 이내의 분량

으로(A4 1면) 요약 하라.

4) 각각의 장면을 시나리오로 구성하되 자연스럽게 전할 수 있도록 기록하라.

5) 중요한 인명, 지명 및 등장 인물의 대화는 성경 본문에 나오는 그대로 사용하도록 하라.

6) 스토리 전개 과정에 실제로 대화를 하는 것처럼 슬픔, 아픔, 절망, 희망 등의 감정을 살려서 하고 몸 동작을 가미하여 극적으로 스토리를 표현하라.

4. 바이블 스토리 텔링에서 표현하는 감정의 범주와 실제 성경의 표현 예

A. 감정의 범주

- 분노(격분, 적대심, 성급함, 불쾌감, 복수심, 미움)
- 슬픔(탄식, 자기 연민, 절망감, 소외감, 외로움)
- 두려움(불안, 초조함, 과민함, 공포, 전율, 염려)
- 즐거움(기쁨, 안도, 만족, 환희, 쾌감, 행복, 황홀, 짜릿함, 편안함)
- 사랑(인정, 신뢰, 헌신, 경배, 교제)
- 놀라움(충격, 경탄, 경이)
- 혐오감(경멸, 멸시, 반감, 염증, 역겨움, 교만함, 우월감)
- 수치심(죄책감, 후회, 굴욕, 당혹감, 원통함, 패배감)

B. 성경의 표현

- 하나님의 보시기에 좋았더라(창1:25) –즐거움
- 땅 위에 사람 지으셨음을 한탄하사 마음에 근심하시고(창6:6) – 슬픔
- 나 여호와 너의 하나님은 질투하는 하나님인즉(출20:5)– 분노
- 내가 무궁한 사랑으로 너를 사랑하는 고로 인자함으로 너를 인도하였노라(렘31:3) – 사랑
- 내 마음이 심히 고민하여 죽게 되었으니(마26:38) – 두려움

C. 바이블 스토리 텔링에서 감정의 활용

- 성경의 스토리를 자신의 스토리와 접목시키는 역할을 할 수 있다.
- 관객에게 성경의 스토리(진리)를 이해하게 하는데 효과적으로 쓰일 수 있다.
- 딱딱한 성경 속 이야기를 자신의 삶의 현장으로 끌어내 적용하도록 도울 수 있다.
- 하나님이 어떤 분인지를 더 잘 이해하도록 돕는 역할을 할 수 있다.

5. 바이블 스토리 텔링의 일반적 순서

1) 먼저 상대방을 충분히 이해하기 위해 질문하고 경청하는 시간을 갖는다.
2) 일상 생활 속에서 대화를 나누듯이 편안한 자세로 바이블 스토리를 전한다.
3) 약간 느린 속도로 반복해서 동일한 성경의 스토리를 다시 한번 반복해서 전한다.
4) 상대의 이해 정도를 파악하기 위해 들려준 성경 스토리에 관해 그 사람이 다시 말해 보게 한다.
5) 다음에 나오는 5 가지의 질문을 한다(충분히 스토리를 숙지시킨다).
   ① 이 스토리 가운데 특별히 좋아하는 내용이나 혹은 좋아하지 않는 내용은 무엇인가?
   ② 이 스토리에서 하나님은 어떤 분이라고 말하고 있는가?
   ③ 이 스토리에서 인간은 어떤 존재라고 가르쳐 주는가?
   ④ 이 스토리처럼 당신 삶에서도 이루어지길 바라는 것은 무엇인가?
   ⑤ 이 스토리를 들려 주고 싶은 사람은 누구인가?
6) 상대방에게 들려준 성경 스토리 전체를 자기 말로 다시 이야기 해 보게 한다.
7) 오늘 중으로 누군가에게 꼭 성경 스토리를 들려 주게 하고, 스토리를 나눌 다음 시간에 다시 만날 약속을 하라.

6. 바이블 스토리 텔링의 시대적 필요

A. 현재의 기독교와 한국 사회

1) 교회와 기독교인에 대한 사회적 비판이 강해지고 호감도는 현저히 저하되고 있다.
2) 교회의 복음 증거에 대한 사람들의 부정적 선입견과 냉담한 태도가 커지고 있다.
3) 성장과 성공 중심의 사회적 분위기로 인해 교회와 교회, 목회자와 목회자들 및 성도들 사이에도 비교의식이 존재하고 있다.
4) 포스터모더니즘의 영향으로 인해 절대 진리에 대한 부정과 종교간의 관용에 대한 목소리가 점점 커지고 있어 기독교가 주변으로 밀려날 위기에 처해있다.

B. 한국 교회의 사명

1) 한국 교회는 민족 복음화의 사명을 가지고 있다(남한 인구 4800만 중 복음화 율 약 20%, 북한 인구 2800만 중 복음화 율 거의 0%).
2) 세계 복음화의 사명을 가지고 있다(전 세계 인구 68억 중 복음화율 약 21% – 비록 2만명의 한국 선교사가 해외에서 사역하고 있지만 여전히 선교사 수는 절대적으로 적으며, 특히 구전으로 사는 미전도 지역엔 선교사가 거의 없다).

C. 구전 문화권 미전도 지역 선교에 대한 필요

약 4,000개의 미전도 종족에 약 10억 명의 영혼들이 복음을 전혀 듣지 못한 채 죽어가고 있다.

7. 한국 바이블 스토리 텔링 사역의 목표

A. 교회 성장과 교회 개척 운동을 도움

1) 평신도: 성경의 메시지(스토리)를 한국의 모든 평신도들이 교회

밖 일반인들에게 자유롭게 전하고 제자화 할 수 있게 해 성경 스토리 텔링의 리더들로 세운다.

2) 목회자:

① 목회자가 성경 스토리로 교회 개척을 위한 창립 멤버를 찾아내고 양육해서 교회가 자립할 수 있을 때까지 전도와 제자화 사역을 감당하게 한다.

② 구역 장/작은 교회 목자/목장 장, 교사, 평신도 지도자 및 초신자들을 교회 안에서 자체 바이블 스토리 텔링 훈련을 시켜 교회 성장과 선교의 발판을 마련할 수 있게 한다.

B. 해외 미전도 종족 협력 선교

한국의 지역 교회들과 한국 CCC 바이블 스토리 텔링 사역 본부가 국제 CCC 네트웍의 정보 지원과 협력을 통해 해외의 구전 미전도 종족을 향한 장 단기 선교를 함께 실시해 나간다.

C. 캠퍼스 사역

한국 CCC 캠퍼스 사역 현장의 국내외 전임 사역자들과 순장들에게 본 훈련을 제공하여 영적 승법번식가로 역량있게 살아가도록 돕는다.

8. 바이블 스토리 텔링의 훈련 프로그램

A. 초급 과정

1) 목적: 바이블 스토리 텔링의 기초를 이해하고 성경 스토리를 자신의 스토리와 결합하여 복음을 전할 수 있도록 훈련시키는 것이다.

2) 기간: 기본 훈련 8주 과정(2개월) / 2박 3일 집중 훈련(약 14 시간)

3) 훈련 내용

① 바이블 스토리 텔링 개관 및 이해

② 자신의 스토리 만들기

③ 아담의 가죽 옷

④ 이삭을 대신한 희생 제물
⑤ 유월절 희생 제물
⑥ 예복을 입어야 하는 잔치
⑦ 약속된 언약의 피

4) 훈련 대상

① 성경과 자신의 스토리로 불신자들에게 복음을 전하기 원하는 사람.
② 성경 말씀을 묵상하고 외우는 과정을 통해 삶의 변화를 체험하길 원하는 사람.
③ 해외 선교사로 가기 위해 준비하는 사람

B. 중급 과정

1) 목적: 초급 바이블 스토리 텔링 훈련 과정을 통해 바이블 스토리 텔링을 이해한 사람들에게 지속적인 스토리 텔링을 통해 초신자들을 양육할 수 있도록 돕는 것이다.

2) 기간: 기본 훈련 10주 과정 / 집중 훈련 2박 3일(약 16시간)

3) 훈련 내용

① 인류의 창조와 타락
② 아브라함의 부름
③ 다윗 왕
④ 구원자의 약속
⑤ 구원자의 탄생
⑥ 귀신들린 자
⑦ 확실한 보증
⑧ 체포와 재판
⑨ 십자가 처형
⑩ 살아 계심

4) 훈련 대상: 초급 훈련 과정을 수료하고 성경 스토리로 지속적으로 초 신자들을 양육하고 훈련하기 원하는 사람들.

9. 성경 역사에 비추어 본 성경의 150대 주요 스토리

A. 세계의 시작

1) 천지 창조(창1:1-2:3)

2) 아담과 이브(창2:4-3:24)

3) 가인과 아벨(창4:1-16)

4) 노아와 홍수(창6:9-9:17)

5) 바벨탑(창11:1-9)

B. 족장 시대

1) 아브라함과의 언약(창12:1-9; 17:1-8)

2) 세 천사의 방문(창18:1-15)

3) 소돔과 고모라 성의 멸망(창19:15-29)

4) 하갈과 이스마엘의 추방(창21:1-19)

5) 아브라함의 시험(창22:1-19)

6) 이삭과 리브가(창24장)

7) 야곱과 에서(창25:19-34)

8) 에서의 축복을 탈취한 야곱(창27:1-40)

9) 벧엘에서 꿈을 꾼 야곱(창28:10-22)

10) 레아, 라헬과 결혼한 야곱(창29:14-30)

11) 요셉과 그의 형제들(창37장)

12) 두 관원의 꿈을 해석한 요셉(창40장)

13) 바로의 꿈을 해석한 요셉(창41장)

14) 애굽에서 형제들을 만난 요셉(창42-45장)

C. 출애굽

1) 모세의 탄생(출1:8-2:10)

2) 모세와 떨기나무(출3:1-15)

3) 열 가지 재앙(출7:6-11:10)
4) 유월절(출12장)
5) 홍해를 건넌 이스라엘 민족(출13:17-14:31)

D. 광야생활

1) 광야에서 물이 남(출15:22-27; 17:1-7)
2) 만나와 메추리(출16장)
3) 10 계명(출19:1-20:21)
4) 금송아지 사건(출32장)
5) 성막(출40장)
6) 12명의 가나안 정탐꾼(민13:1-14:12)
7) 발람과 당나귀(민22:21-38)
8) 모세의 후계자, 여호수아(신31:1-8)
9) 모세의 죽음(신34장)

E. 약속의 땅에 들어감

1) 여리고 정탐꾼과 라합(수2장; 6:22-25)
2) 요단 강을 건넘(수3장)
3) 여리고 성의 점령(수5:13-6:27)
4) 아간의 죄(수7장)
5) 드보라(삿4-5장)
6) 기드온(삿6장)
7) 미디안을 물리친 기드온(삿7장)
8) 삼손과 들릴라(삿16장)
9) 나오미와 룻(룻1-4장)
10) 사무엘을 부르심(삼상3장)
11) 이스라엘이 왕을 구함(삼상8장)

F. 왕정시대

1) 사무엘이 사울을 기름부음(삼상9-10장)
2) 사무엘이 다윗을 기름부음(삼상16:1-13)
3) 다윗이 사울을 섬김(삼상16:14-23)
4) 다윗과 골리앗(삼상17장)
5) 다윗이 골리앗을 이김(삼상19장)
6) 다윗이 사울의 목숨을 살려줌(삼상24,26장)
7) 사울과 엔돌의 무당(삼상28:4-25)
8) 다윗이 이스라엘의 왕이 됨(삼하5:1-12)
9) 다윗과 밧세바(삼하11장)
10) 다윗을 책망하는 나단(삼하12:1-15)
11) 압살롬의 죽음(삼하18장)
12) 솔로몬이 왕이 됨(왕상1:11-40)
13) 지혜로운 판결(왕상3:16-28)
14) 솔로몬의 성전 건축(왕상6장)
15) 시바여왕이 솔로몬을 찾아옴(왕상10:1-13)
16) 이스라엘이 르호보암에게 반역함(왕상12:1-24)

G. 엘리야와 엘리사

1) 엘리야와 사르밧 과부(왕상17:7-24)
2) 갈멜산에서의 엘리야(왕상18:16-45)
3) 도망치는 엘리야를 만나 주시는 하나님(왕상 19장)
4) 나봇의 포도원(왕상21장)
5) 길르앗 라못에서 죽임 당한 아합 왕(왕상22:29-40)
6) 엘리야의 승천(왕하2:1-12)
7) 엘리사의 기적(왕하2:13-25)
8) 나아만 장군의 문둥병 치유(왕하5장)

H. 혼란기

1) 예후가 왕이 됨(왕하 9장)

2) 7살에 왕이 된 요아스(왕하 11장)

3) 히스기야의 병과 기도(왕하20:1-11)

4) 율법 책의 발견(왕하22:1-23:3)

5) 이사야의 소명(사6:1-8)

6) 고난 받는 종에 관한 이사야의 예언(사52:13-53:12)

7) 예레미야의 두루마리를 불태운 여호야김 왕(렘36장)

8) 요나와 물고기(욘1-4장)

I. 바벨론 포로와 귀환

1) 에스겔의 환상(겔1,10장)

2) 마른 뼈에 대한 환상(겔37:1-14)

3) 느부갓네살의 꿈(단2장)

4) 황금우상(단3장)

5) 벽에 쓰인 글씨(단5장)

6) 사자 굴에 들어간 다니엘(단6장)

7) 호세아와 고멜(호1,3장)

8) 성전 재건(스3:7-13)

9) 느헤미야의 귀환(느2:1-18)

10) 에스더가 백성들을 구함(에2:5-18; 3:12-5:8; 7:1-10)

J. 예수의 탄생과 사역

1) 예수탄생에 대한 예언(눅1:26-38)

2) 예수의 탄생(눅2:1-7)

3) 목자와 천사들(눅2:8-20)

4) 동방박사의 방문(마2:1-12)

5) 성전에 간 예수(눅2:22-40)

6) 애굽으로의 피신(마2:13-23)

7) 성전에서의 소년 예수(눅2:41-52)

8) 길을 예비하는 세례 요한(마3:1-12; 막1:1-8; 눅3:1-18)

9) 세례 받으신 예수(마3:13-17; 막1:9-11; 눅3:21-22; 요1:29-34)

10) 시험 받으신 예수(마4:1-22; 막1:12.13; 눅4:1-13)

11) 첫 번째 제자들을 부르심(마4:18-22; 막1:16-20; 눅5:1-11; 요1:35-51)

12) 물이 포도주가 되게 함(요2:1-11)

13) 나사렛에서 배척당함(눅4:13-30)

14) 많은 사람들을 치료하신 예수(막1:21-34; 눅4:31-41)

15) 중풍병 환자를 치료하신 예수(막2:1-12; 눅5:17-26)

16) 예수와 니고데모(요3:1-21)

17) 예수와 사마리아 여인(요4:4-42)

18) 백부장의 믿음(마8:5-13; 눅7:1-10; 눅8:22-25)

19) 풍랑을 잔잔케 하신 예수(마8:23-27; 막35-41; 눅8:22-25)

20) 죄인과 세리와 식사하신 예수(마9:10-13; 막2:15-17; 눅5:29-31)

21) 회당장 딸과 혈루증 여인(마9:18-26; 막5:21-43; 눅8:40-56)

22) 세례 요한의 죽음(마14:1-12; 막6:14-29)

23) 오천 명을 먹이신 예수(마14:13-21; 막6:30-44; 눅9:10-17; 요6:1-15)

24) 물위를 걸으신 예수(마14:22-36; 막6:45-56; 요6:16-24)

25) 베드로의 신앙고백(마16:13-20; 막8:27-30; 눅9:18-27)

26) 변화산 사건(마17:1-13; 막9:2-13; 눅9:18-27)

27) 귀신들린 소년을 고치심(마17:14-21; 막9:14-29; 눅9:37-43)

28) 누가 제일 큰 자인가?(마18:1-6; 막9:33-37; 눅9:46-48)

29) 날 때부터 눈먼 자를 고치심(요9:1-34)

30) 선한 사마리아인의 비유(눅10:25-37)

31) 마리아와 마르다의 집(눅10:38-42)

32) 죽은 나사로를 살리심(요11:1-46)

33) 어린 아이와 예수(마19:13-15; 막10:13-16; 눅18:15-17)

34) 부자 청년(마19:16-30; 막10:17-31; 눅18:18-30)

35) 세리 삭개오(눅19:1-10)

36) 예수께 향유를 부은 여인(마26:6-13; 막14:3-9; 눅7:36-50; 요12:1-8)

37) 예루살렘 입성(마21:1-11; 막11:1-11; 눅19:28-44)

38) 성전을 청결케 하심(마21:12-13; 막11:15-19; 눅19:45-46)

39) 과부의 헌금(마12:41-44; 눅21:1-4)

40) 위대한 계명(마22:34-40; 막12:28-34)

41) 마지막 만찬(마26:17-30; 막14:12-26; 눅22:7-30; 요13:1-30)

42) 겟세마네 동산(마26:36-56; 막14:32-52; 눅22:39-53; 요18:1-12)

43) 재판 받으시는 예수(마26:57-68; 27:11-30; 막14:53-65; 15:1-20; 눅22:63-23:25; 요18:13-14, 19-24, 28-19:16)

44) 베드로가 예수를 부인함(마26:69-75; 막14:66-72; 눅22:54-62; 요18:15-18,25-27)

45) 십자가에 달리심(마27:11-56; 막15:21-41; 눅23:26-49; 요19:17-37)

46) 무덤에 묻히신 예수(마27:57-66; 막15:42-47; 눅23:50-56; 요19:38-42)

47) 부활(마28:1-15; 막16:1-8; 눅24:1-12; 요20:1-18)

48) 엠마오로 가는 길(눅24:13-35)

49) 제자들에게 나타나신 예수(마28:16-20; 눅24:36-50; 요20:19-31)

50) 베드로를 회복시키신 예수(요21:1-25)

51) 승천하신 예수(눅24:51-53; 행1:4-11)

K. 초대교회 시대

1) 초대교회(행1: 12-2:47)

2) 성령강림(행1:4-5; 2:1-13)

3) 앉은뱅이를 고친 베드로(행3:1-10)

4) 사도들이 받은 핍박(행5:17-42)

5) 스데반의 순교(행6:8-7:60)

6) 사울의 회심(행9:1-19)

7) 베드로를 초대한 고넬료(행10장)

8) 베드로가 감옥에서 기적적으로 나옴(행12:1-17)

9) 안디옥 교회(행11:19-26)

10) 바울의 첫 번째 선교여행(13-14장)

11) 바울과 실라가 감옥에 갇힘(행16:16-40)

12) 아테네에서 전도하는 바울(행17:16-34)

13) 에베소에서 일어난 폭동(행19:1-20:1)

14) 예루살렘으로 간 바울(행21:27-22:30)

15) 바울이 로마로 호송됨(행27:1-28:10)

16) 로마에서 전도하는 바울(행28:11-31)

17) 새 예루살렘(계21:1-22:6)

◈ 실습과제 ◈ 이번 훈련을 통해서 복음을 전하고 싶은 태신자 명단을 적으라.

	태신자 명단	연락처	관 계	약속 날짜	만남 확인
1					
2					
3					
4					
5					
6					
7					
8					
9					
10					

◈ 실천과제 ◈

자신이 예수 그리스도를 믿은 후에 변화된 자신의 스토리를 적어보라
(다음과 참조).

2
개인스토리 만들기

1. 성공적인 〈바이블 스토리 텔링〉 사역은?

"성령님의 능력 안에서 내가 만난 그리스도(나를 변화시켜 주신 분)를 성경 스토리와 함께 전하고 그 결과는 하나님께 맡기는 것이다."

2. 개인 스토리 작성법(Personal Story Crafting)

1) 크게 세 부분으로 나누어 이야기를 전개하되,
첫 부분에서는 그리스도를 만나기 전의 자신의 사고, 행동, 가치관, 삶의 목적 등을 적고, 중간 부분에서는 그리스도를 영접하게 된 성경말씀 혹은 성경 스토리를 기술하며, 마지막 부분에는 그리스도를 만난 후에 자신이 어떻게 달라졌는지를 적는다.

"하나님은 우리를 부르실 때는 우리의 모습 그대로 부르시지만, 부르신 후에는 우리를 사랑하시기 때문에 우리의 모습 그대로 두시지는 않는다"

- 존 아노트 -

2) 스토리에 등장하는 각 사람들과의 관계를 설정할 때는 반드시 대화/대사를 사용 해야 한다.
3) 자신의 인생 전체를 이야기하려고 하지 말고 특정한 시기를 선택한다.
4) 예수 그리스도를 만나게 된 구체적인 성경 말씀(스토리)을 그대로 적는다.
5) 첫 번째 부분(도입)에서 선택하는 소재는 스토리를 듣는 사람이

공감할 수 있는 소재를 선택해야 하며, 이후 감동을 줄 수 있는 영적 교훈과 접목되도록 연결해야 한다(그렇다고 이야기를 극적으로 만들려고 꾸며내거나 과장해서는 안 된다).

6) 성경 스토리(말씀)는 자신의 실제 개인 스토리와 그 내용과 감정, 영적 교훈 등에 있어 조화를 이룰 수 있는 것을 선택해야 한다.

7) 개인 스토리는 자신이 만난 예수 그리스도를 전하기 위한 중요한 첫째 준비단계이다.

8) 스토리 작성의 마무리 부분에서는 직접적 설득이나 강한 주장을 제시하기보다는 듣는 사람이 결정할 수 있도록 전체 스토리를 요약하는 형태를 띠게 하고, 최종 결정은 스토리를 듣는 사람의 몫으로 남겨두라.

3. 개인 스토리 작성시 자신의 변화(성숙)를 확인할 수 있는 몇 가지 증거들

1) 하나님에 대한 분명한 믿음과 경외감을 가지고 있다(히5: 7).

2) 자신이 하나님의 사랑을 받아 구원받은 존재라는 걸 분명히 확신하고 있다.

3) 다른 사람과 비교하거나 타인보다 우월하다는 교만한 의식으로 판단하지 않는다.

4) 자신의 변화되기 이전의 모습(약점, 결점)을 숨기지 않고 주저 없이 드러낸다.

5) 인생의 어떤 계기(장벽, 사고, 사건)를 통해서 발견하게 된 자신의 미숙한 모습이 어떤 과정을 거쳐 변화되었는지를 말할 수 있다.

6) 어떤 상황에서도 내 생각보다는 성경 말씀을 깨닫고 실천하고자 하는 마음이 더 강하다.

7) 자신과 관계가 있는 특정한 사람들을 만나는데 아무런 거리낌이나 장애가 없다.

4. 개인 스토리 텔링에서 대사/대화 삽입의 목적(기능)

1) 스토리를 전개시켜 나가도록 도와준다.
2) 관객에게 사실과 정보를 효과적으로 제공해 준다.
3) 등장인물들을 알려준다.
4) 등장 인물들 간의 관계를 규정해 준다.
5) 등장 인물들의 성격, 감정상태, 행동 등을 나타내준다.
6) 스토리를 함축적이고도 간결하게 만들어 준다.

5. 개인 스토리 만들기 실습(짝을 지어 실습).

1) 인생을 회고하면서 가장 먼저 떠오르는 사람과 사건, 장소를 이야기한다.
2) 언급된 등장인물과 그와 관련된 이야기 및 그 때의 느낌을 옆의 짝에게 이야기한다.
3) 옆의 짝은 상대의 스토리를 경청하면서 다음 사항에 비춰 그 스토리를 요약하며 구분한다.
   - 그 스토리는 상대가 그리스도를 만나기 전의 상황인가? 그리스도를 만나게 되는 상황인가? 혹은 그리스도를 만난 후의 상황인가?
   - 상대는 어떤 입장(우호/적대/무관심)에서 그 스토리를 말하고 있는가?
   - 그 스토리를 통해 상대가 느끼는 감정은(기쁨/슬픔/아픔/고통)?
   - 그 스토리에서 상대는 스토리의 주인공인가 아니면 구경군인가?
   - 스토리에서 그 사람의 생각이나 가치관 또는 삶이 변화되는 시점을 주의 깊게 관찰한다.
   - 상대의 스토리를 가장 자연스럽게 이끄는 소재는 어떤 것인지를 파악한다.

6. 개인스토리 작성을 위한 팁(자신이 직접 정리해서 기록한다)

1) 그리스도를 만나기 전의 나
   - 내가 가장 즐거워했거나 혹은 즐겨 하던 일은 무엇이었는가?
   - 내가 친하게 지내면서 함께 했던 친구는 누구였는가?

• 내가 소망했던 바람은 무엇이었는가?
• 나를 가장 귀찮고 힘들게 했던 것/사람들은 무엇/누구이었는가?
• 나를 가장 슬프게 만들었던 사건은 무엇이었는가?
• 교회와 교회 다니는 사람들에 대한 나의 관점은 어떠했는가?

2) 내가 그리스도를 만나게 된 경위
• 어떤 사건이나 기회가 나를 그리스도께 인도했는가?
• 하나님을 만나면서 들었던 메시지(말씀, 성경 구절)는 무엇이었는가?
• 처음 나의 반응은 어떠하였는가?
• 나에게 도움을 주거나 나를 인도해 주었던 사람은 누구였는가?

3) 그리스도를 만나고 난 후
• 어떻게 생활 방식의 변화가 이루어졌는가?
• 친구관계의 변화가 일어났는가?
• 즐기며 좋아하던 것이 바뀌었는가?
• 가장 적대시하던 대상은 누구/무엇인가?
• 성경에 대한 태도의 변화가 일어났는가?
• 교회에 대한 견해는 어떻게 달라졌는가?
• 주일 성수에 대한 생각은?
• 전도에 대한 관점은?
• 가족에 대한 생각은?

7. 훌륭한 개인 스토리의 요건

1) 성경 스토리와 개인 스토리가 자연스럽게 접목된 형태를 띠고 있다.
2) 그리스도를 만나기 전과 후의 삶이 어떠했는지 성경 말씀을 근거로 대조적인 명확한 진술로 나타나 있다.
3) 듣는 사람이 거부감 없이 기독교를 접할 수 있도록 자연스럽게 소개하고 있다.

4) 자신이 만난 예수 그리스도(하나님)를 분명하고 확실하게 그려서 전달하고 있다.

5) 3분에서 4분 정도의 길이에 2~3명의 등장인물(성경스토리는 제외)이 있고 그들의 관계, 인물의 개성, 사건의 상황을 함축적으로 묘사하는 대사가 있다.

6) 마무리 부분에서 전체 스토리를 요약하며 스토리를 듣는 사람이 스스로 판단할 수 있도록 간결한 교훈과 분명한 감정이 전달되어 있다.

7) 주제에 맞도록 스토리의 구성을 소재와 잘 연결하였다.

8. 개인 스토리의 예(나의 소원을 들어 주신 하나님)

★ 아쉬움 → 만족 ★

제가 초등학교 입학할 무렵인 1970년대 초에 라디오에서 연속극으로 〈서유기〉가 방송되었습니다. 그 때 제가 가장 흥미 있어했던 것은 손오공이 여의봉을 가지고 주문을 외우면 모든 문제가 다 해결되는 것이었습니다. 〈우랑바리 다라나 바로웅 무따라까 따라마까 뿌라야〉 라고 주문을 외운 후 "커져라 여의봉!" 하면 귓속에 갖고 다니던 여의봉이 길게 커져서 어떤 적도 이길 수 있는 무기가 되었습니다. 구름을 불러서 타고 다니고, 털을 뽑아서 자신과 똑 같은 분신을 여럿 만들기도 하고, 정말 신기한 일들을 많이 했습니다. 그 때 저는 "나도 손오공처럼 내가 원하는 것을 마음대로 할 수 있다면 얼마나 좋을까" 하는 생각을 했습니다. 당시에 손오공 라면과자도 있었던 걸로 기억합니다.

제가 어린 시절 살던 집은 시골 외딴 농가였습니다. 앞을 봐도 산이고 뒤를 봐도 산이고, 그래서 뒷산과 앞산 모두 저에게는 놀이터였습니다. 매일같이 앞뒤 산들을 보고 뛰놀면서,"저 산 너머에는 누가 살고 있을까?" 늘 궁금해 했었습니다. 그러던 어느 날 저는, "아버지, 저 뒷산 너머 동네는 무슨 동네에요? 마을 이름이 뭐예요?" 하고 물었습니다. "산에 올라가 보면 멀리 서울 오류동이 보인단다." 라고 아버지는 그렇게 대답하셨습니다. 제가 자라나서 5학년쯤 되었을 때에 뒷산에 혼자 올라가 멀리 보이는 서울 오류동의 작은 건물들을 보면서, "나도 저 도시에 한번만이라도 가 보았으면..." 하고 생각했습니다.

초등학교 시절 가장 좋은 책은 〈사회과부도〉라는 아주 빳빳한 지도 책이었습니다. 제 취미는 종종 그 지도 책을 보면서 세계 여러 곳을 구경하는 것이었습니다. "야! 중국이 크기는 크구나. 대한민국은 이렇게 작네. 유럽은 나라가 굉장히 많구나. 미 합중국은 이렇게 크구나. 소비에트 연합은 땅이 넓기는 넓은데…" 그러면서 저는 세계 곳곳을 직접 가 보고 싶다는 생각을 가졌습니다.

초등학교에 갔다가 돌아올 때면 학교 앞 구멍가게 앞에서 각종 문구랑 장난감을 구경하는 것이 일상이었습니다. "야! 저 장난감 총을 한번 가지고 놀아 보면 좋겠다. 저 표창은 던지면 잘 날아가겠는데! 저 과자랑 빵은 먹으면 정말 맛있겠다." 이렇게 혼자 중얼거리며 들여다 보곤 했습니다.

그런데 성경을 보면 솔로몬이라는 사람이 나옵니다. 통상적으로 볼 때 그는 왕이 될 사람은 아니었지만, 아버지 다윗 왕은 자신의 아내 밧세바의 요청을 받아들여 그를 왕으로 세웠습니다. 그는 왕이 되고 나서 하나님 앞에 너무나 감사하여 일천 번제를 드렸습니다. 하나님께서는 그날 밤 꿈에, "너는 무엇이든지 원하는 것을 내게 구하라! 내가 들어 주겠다." 라고 말씀하셨습니다. "저는 왕으로 백성을 다스릴 지혜가 부족합니다. 당신의 백성을 잘 다스릴 수 있도록 지혜를 주십시오" 라고 그는 대답했습니다. 하나님께서는 그의 겸손한 마음과 하나님을 신뢰하는 그의 요청을 기쁘게 여기셔서 그가 원하는 지혜로운 왕이 되도록 해 주셨습니다(왕상 3:1~15).

어린 시절 수도권인 경기도의 농가가 있던 어느 산동네에서 살았지만, 하나님을 믿고 나서 저도 솔로몬이 한 것과 같은 비슷한 경험을 하였습니다. 대학 4학년 때, "하나님의 사랑을 전하는 자로 국내외 사역을 하고 싶습니다."라는 기도를 했습니다. 그런데 그 기도를 하나님께서 들어 주셔서, 그 때 이후로 지금까지 아프카니스탄을 비롯해 세계 30 개가 넘는 나라를 직접 방문하고 선교할 수 있는 기회를 주셨습니다. 초등학교 시절 지도 책에서만 구경하던 나라들을 직접 가 볼 수 있었던 것입니다. 하나님께서는 지금도 저에게, “네가 믿음으로 나에게 구하는 것을 들어 주겠다. 마음껏 구하라.” 고 확신을 주십니다. 저는 계속해서 하나님께, “세계 미전도 종족을 복음화하는데 한국교회를 동원하는데 사용되고 싶습니다.” 라고 기도하며 힘쓰고 있습니다.

[위의 사례에 나온 개인 스토리 구성에 대한 분석]

	주 제	소 재	내용 (스토리)
도입	소원 성취	손오공	주문을 외워 마음대로 하고 싶은 걸 했던 손오공 이야기
P1	나의 소원들	· 산 너머 동네 · 세계 지도 · 구멍가게	오류동을 보면서 가보고 싶어 했던 마음. 세계 지도를 통해 세계를 다녀보고 싶었던 마음. 구멍가게 물건을 갖고 싶었던 마음.
P2	하나님의 응답	솔로몬 소원	하나님의 지혜를 구했던 기도를 응답 받은 솔로몬
결론	나의 이야기	응답의 스토리	나의 삶에 함께 해 오시며 응답하신 하나님.

◈ 실습과제 ◈

이번 강의를 통해 자신이 과제로 작성했던 개인 스토리를 옆의 훈련 짝과 함께 나누고 수정, 보완하라

◈ 실천과제 ◈

수정, 보완된 개인 스토리를 이번 주 내로 완전히 암기하라

개인스토리 실습 점검 용지

	점검할 내용	평가		
내용	1) 주제는 명확하게 파악할 수 있었는가?			
	2) 스토리를 전할 분명한 대상자가 선정되었는가?			
	3) 변화되기 이전과 이후의 삶이 명확하게 대조를 이루고 있는가?			
	4) 듣는 사람이 거부감 없이 기독교를 알기 쉽게 소개하고 있는가?			
	5) 개인 스토리리와 성경 성경 스토리가 3가지 면(내용, 감정, 교훈)에서 조화를 이루었는가?			
	6) 등장 인물이 2~3명 있으며 그들의 대사가 삽입되어 있는가?			
	7) 전체 길이가 4분(A4 1면) 정도로 너무 길거나 짧지 않게 적당하였는가?			
태도	1) 상대를 충분히 배려하고 파악하고자 들으려는 태도를 취하였는가?			
	2) 자신의 분명한 믿음을 정직하고 진실하게 표현하였는가?			
	3) 자기 자신의 언어로 확실한 감정을 잘 표현하여 전달하였는가?			
	4) 전체 내용을 자연스럽게 제대로 암기하여 전달하였는가?			
	5) 시간을 적절하게 안배하며 분위기를 편안하게 인도하였는가?			
마무리	1) 질문을 자연스럽고 적절하게 활용하여 대답을 유도하였는가?			
	2) 상대방과 공감대를 형성하여 지속적인 만남의 여지를 두었는가?			
	3) 다음 약속 만남을 언급하고 구체적으로 약속을 잡았는가?			
	4) 상대의 필요를 위해 진지하게 기도하여 주고 마쳤는가?			
	5) 전하는 자 중심이 아니라 듣는 자 중심의 분위기를 형성하였는가?			

	내 용	태 도	마무리
개선점			

점검일자: 실습자: 점검자:

3

아담의 가죽 옷

(창2:8~3:24) ★ 행복 → 불행(상실) ★

하나님은 이 세상과 그 안에 있는 모든 만물들을 다 창조하셨습니다. 그리고 마지막으로 하나님은 그분의 모습을 따라 인간을 지으시고 사랑하셨습니다. 하나님께서는 인류 최초의 부부가 에덴 동산에서 따뜻한 가정을 이루어 그 동산 안에 있는 모든 것을 마음껏 즐길 수 있게 해주셨습니다. 하나님과 인간의 관계를 설정해 주는 선악과를 제외하고는, 그들은 어떤 나무의 열매도 마음껏 먹을 수 있었습니다.

그러던 어느 날, 에덴 동산의 행복한 그 가정에 뜻밖의 큰 불행이 찾아 왔습니다. 사단이 하나님께서 만드셨던 짐승인 뱀에게 들어가 여자에게 다가와 속삭였습니다. "하나님께서 정말로 동산 안의 어떤 나무의 열매도 먹지 말라고 하시더냐?" 여자는, "우리는 동산 안에 있는 나무의 열매는 먹을 수 있지만, 하나님은 동산 중앙에 있는 나무의 열매는 먹지도 말고 만지지도 말라. 그렇지 않으면 너희가 죽을 것이다 라고 말씀하셨다." 라고 말했습니다. 뱀은, "너희는 죽지 않을 것이다. 하나님은 너희가 그 나무 열매를 먹고 하나님처럼 선악을 알게 될까 봐 그렇게 말씀하신 것이다" 라고 의심을 하게 했습니다.

여자가 가서 다시 그 열매를 보니, 그것은 볼수록 먹음직스럽고, 보기에도 아름다웠습니다. 게다가 그 열매는 자신을 지혜롭게 해 줄 것처럼 보였습니다. 그래서 그 열매를 따서 먹고, 자기 남편에게도 주어 결국 아담도 그것을 먹었습니다. 그러자 두 사람의 눈이 밝아져 자기들이 벌거벗고 있다는 것을 깨달았습니다. 그래서 그들은 무화과 나무 잎을 엮어서 몸을 가렸습니다.

그때 그들은 그분이 동산을 거니는 소리를 들었습니다. 아담과 그의 아내는 그분을 피해 동산 나무 사이에 숨었습니다. 그분은 아담에게, "아담아, 아담아! 네가 어디 있느냐?" 라고 부르셨습니다. 아담은, "제가 하나님의 부르시는 소리를 들었지만 벌거벗었기에 숨었습니다" 라고 대답했습니다. 그분은, "네가 벌거벗었다고 누가 말해 주었느냐? 내가 먹지 말라고 한 그 나무 열매를 네가 먹었느냐?" 라고 물으셨습니다. "예, 하나님이 저에게 주신 저 여자가 그 나무 열매를 제게 줘서 먹었습니다" 라고 핑계를 댔습니다. 그분은 여자에게, "도대체 네가 무슨 일을 저지른 것이냐?" 라고 말씀하셨습니다. "뱀이 저를 속였기 때문에 제가 그 열매를 먹었습니다" 라고 여자도 핑계를 댔습니다.

그분은 뱀에게, "네가 이런 짓을 저질렀으니 저주를 받을 것이다. 배로 기어 다니고 평생 흙먼지를 먹고 살아야 할 것이다. 이후로 여자의 후손과 너의 후손이 원수가 될 것이다. 여자의 후손이 네 머리를 부수고 너는 그의 발꿈치를 물 것이다" 라고 말씀하셨습니다.

그분은 여자에게도, "너는 극심한 고통 중에 자녀를 임신하고 낳게 될 것이다" 라고 말씀하셨습니다. 그분은 남자인 아담에게도, "너는 네 아내의 말을 듣고 내가 먹지 말라고 한 나무의 열매를 먹었으니 땅이 저주를 받았다. 너는 평생토록 수고해야 땅에서 나는 소출을 먹게 될 것이다. 땅에서는 가시와 엉겅퀴가 날 것이고… 너는 먹고 살기 위해 죽을 때까지 땀을 흘려야 할 것이다" 라고 말씀하셨습니다.

그 후에 아담은 '모든 살아있는 자의 어머니가 될 것이다'는 의미로 그의 아내를 '하와'라고 불렀습니다. 하나님은 그 부부를 위해 가죽 옷을 지어 입혔습니다. 그분은, "이제 사람이 선과 악을 알게 되었으니 그가 손을 뻗어 생명 나무의 열매를 따 먹고 영원히 살게 되는 것을 막아야 한다" 라고 말씀하셨습니다. 그래서 아담과 그의 아내 하와를 에덴 동산에서 내 보내시고, 그들을 위해 생명 나무에는 접근하지 못하게 하셨습니다.

◈ 제자화 과정 ◈

1) 이 스토리를 듣고 난 후에 느낀 점을 이야기 해 보자.
(좋아하는 내용/ 싫어하는 내용 등)

2) 하나님이 선악과를 금지한 이유가 무엇이라고 생각하는가?

3) 당신은 다른 사람의 말이나 당신 자신의 잘못된 생각을 따라 행했다가 불행한 결과를 경험한 적이 있었는가? 구체적으로 말해보라.

4) 하나님이 아담과 하와에게 가죽옷을 지어 입혔다는 이야기를 듣고 어떤 느낌이 드는가?

5) 이 스토리 중 당신의 삶에서 이루어졌으면 좋겠다고 생각하는 부분은 어떤 부분인가?

◈ 실습과제 ◈

이번 강의를 통해 배운 스토리를 훈련 짝과 함께 암송하고 점검한다.

◈ 실천과제 ◈

지난 강의를 통해 수정, 보완하고 암송한 개인 스토리를 1과에서 기록한 태신자에게 들려준다.

[주의해서 보아야 할 단어나 표현들]

[그 분의 모습을 따라] 한글 성경에는 '그분의 형상대로' 라고 번역되어 있다. 여기서 모습(image, shape)은 비유적 표현으로 하나님과 사람 사이의 구체적인 닮은 꼴을 가리키며 인간에게만 부여되었다. 즉 사람은 전 존재가 하나님의 성품을 불완전하게 나마 전달할 수 있는 이성적, 윤리적, 종교적 능력을 지닌 존재로 창조되었기에 영이신 하나님과 교제할 수 있는 존재임을 가르치고 있다.

[선악과] 하나님이 처음으로 금지를 명령하였던 이 열매는, 삶과 죽음 더 나아가 선과 악에 대한 인간의 책임을 부여하신 상징이다. 이 명령에 대한 인간의 순종과 거부의 결과는 인간 스스로 선택한 것에 대한 책임이다(하나님은 사고를 통해 인간이 바른 것을 선택할 수 있는 능력을 주셨다).

[뱀] 뱀은 창세기에서 사단의 도구로 나쁜 영향을 끼친 존재로 그려지고 있으며, 신약성경에서는 위선적인 악인이나 타락한 사람(마23:33), 혹은 마귀와 사탄(계12:9) 등을 지칭할 때 쓰여졌다. 주의할 것은 뱀 자체가 사단은 아니라는 점이다.

[저주] 성경에서 저주는 마술적인 개념이라기보다는 오히려 도덕적인 개념이다. 저주는 어떤 잘못에 대한 벌이라는 개념을 포함해, 어떤 사람이나 물건에 악을 부르거나 해를 입히는 것으로 표현되었다.

[여자의 후손] 하나님께서는 아담에게 여자가 필요함을 보시고 그의 갈비뼈를 취하여 여자를 만들어 아담에게 데려오셨다. 그러나 성경

은 여자와 함께 최초의 죄가 이 세상에 들어오는 장면을 소개하는 동시에 하나님의 구원과 생명도 여자의 후손을 통해서 이루어질 것을 말하고 있다.

스토리작성

전체의 스토리는 하나님이 마련해 준 풍요롭고 행복한 에덴에서 추방을 당한 인간의 수치심과 상실감으로 끝을 맺는 것으로 구성되어 있다. 그렇지만 절망적 수치심 가운데 처한 인간에게 보이는 한 가닥 희망은 그들에게 가죽옷을 지어 입히신 하나님의 긍휼이 있다는 것이다.

스토리간의 결속력

[가죽옷] 본 스토리에서는 인간이 죄를 짓고 벌거벗었음을 부끄러워할 때, 하나님께서 동물의 가죽으로 그 부끄러움을 가려 주셨다. 초급 훈련 과정에서 제시되는 5개의 스토리에서는, 하나님께서 인간의 죄악(부끄러움)을 대신 해결해 주시는 분으로 스토리가 계속 연결되어 전개될 것이다.

제자화 훈련

- 하나님의 모습을 따라 인간을 만드신 것은, 하나님이 인간과 교제하기를 원하시는 분임을 말해 준다.
- 하나님은 두려워하는 아담의 마음 상태를 알고 계시는 전지하신 분이다.
- 하나님은 인간의 잘못에 대해서 분명하게 지적하시고 그 대가를 지불하게 하시는 분이다.
- 하나님은 잘못을 저지른 인간일지라도 사랑과 긍휼을 베풀어 주시는 분이시다.

아담의 가죽옷 실습 점검 용지

	점검할 내용	평가		
내용	1) 서론 부분을 자연스럽게 시작하였는가?			
	2) 문제의 제기 후에 내적인 갈등을 잘 표현하였는가?			
	3) 갈등 후의 위기 상황에 대한 안타까움이 표현되었는가?			
	4) 결론의 판결에 대한 준엄함을 그대로 표현하였는가?			
	5) 마지막 하나님의 사랑과 보살핌에 대한 표현을 잘 나타내었는가?			
	6) 두 번에 걸쳐서 스토리의 내용을 변함없이 전달하였는가?			
	7) 5가지의 질문을 적절하게 잘 활용하였는가?			
	8) 질문에서 자신의 개인 스토리리가 적절하게 다루어 졌는가?			
태도	1) 상대를 충분히 배려하고 파악하고자 들으려는 태도를 취하였는가?			
	2) 자신의 분명한 믿음을 정직하고 진실하게 표현하였는가?			
	3) 자기 자신의 언어로 확실한 감정을 잘 표현하여 전달하였는가?			
	4) 전체 내용을 자연스럽게 제대로 암기하여 전달하였는가?			
	5) 시간을 적절하게 안배하며 분위기를 편안하게 인도하였는가?			
마무리	1) 질문을 자연스럽고 적절하게 활용하여 대답을 유도하였는가?			
	2) 상대방과 공감대를 형성하여 지속적인 만남의 여지를 두었는가?			
	3) 다음 약속 만남을 언급하고 구체적으로 약속을 잡았는가?			
	4) 상대의 필요를 위해 진지하게 기도하여 주고 마쳤는가?			
	5) 전하는 자 중심이 아니라 듣는 자 중심의 분위기를 형성하였는가?			

개선점	내 용	태 도	마무리

점검일자: 실습자: 점검자:

4

이삭을 대신한 희생 제물

(창12:1~10, 21:1~8, 22:1-19) ★ 두려움→만족 ★

하나님은 에덴에서 추방된 인간을 위한 계획을 이루시기 위하여 아브라함이라는 사람을 선택하셨습니다. 오늘의 이야기는 아브라함이 어떻게 믿음의 조상이라고 불리게 되었는지를 보여줍니다.

지금부터 약 4,000년 전에 하나님이 아브라함에게 나타나셔서, "너는 네 고향집을 떠나 내가 지시하는 땅으로 가거라. 내가 너를 축복하여 네 이름을 유명하게 하고 큰 민족이 되게 해 주겠다. 모든 민족이 너 때문에 복을 받게 될 것이다." 라고 말씀하셨습니다.

그는 75세에 하나님 말씀을 따라 가나안 땅으로 이사를 갔습니다. 그곳에서 하나님을 예배하며 살았지만 그러나 아들은 없었습니다. 그러나 하나님은 그에게 아들을 주시겠다고 약속을 했습니다. 마침내 아브라함이 100세가 되었을 때에 그의 아내 사라를 통해서 약속해 주셨던 귀한 아들을 얻어 아브라함은 그를 이삭이라고 이름 지었습니다.

어느 날 하나님은 아브라함을 시험하시려고, "아브라함아, 아브라함아!" 하고 불렀습니다. "제가 여기 있습니다" 라고 그는 대답했습니다. 그분은, "네가 사랑하는 독자 이삭을 데리고 내가 지시하는 산으로 가거라. 거기서 이삭을 희생제물로 나에게 드려라" 라고 말씀하셨습니다.

아브라함은 이튿날 일찍 일어나 나귀에 안장을 채웠습니다. 두 종과 자기 아들 이삭도 함께 준비시켰습니다. 희생제물을 드리기 위해 충분한 나무를 준비해 그는 하나님이 지시한 곳을 향해 길을 떠났습니다. 길을 떠난 후 제 삼 일에 아브라함은 저 멀리 보이는 바로 그 산을 보았습니다. 그는 두 종들에게, "내가 아들 이삭과 함께 저곳으로 가는 동안, 너희들은 나귀와 함께 여기서 기다리거라. 우리는 저곳에 가서 예배하고 다시 너희에게로 돌아올 것이다" 라고 말했습니다.

아브라함은 희생제물을 드리기 위한 나무를 이삭에게 맡기고 자신은 불과 칼을 들고 갔습니다. 두 사람이 함께 길을 가면서 이삭은 아버지 아브라함을 향해, "아버지?"하고 불렀습니다. "왜 그러느냐 내 아들아?"하고 그가 대답했습니다. "불과 나무는 여기 있는데 희생제물로 드릴 양은 어디 있습니까?"하고 이삭이 물었습니다.

아브라함은, "내 아들아, 그것은 하나님 자신이 직접 준비하실 것이란다."하고 대답했습니다. 두 사람은 계속해서 그 곳을 향해 나아갔습니다. 마침내 하나님이 지시한 곳에 그들이 도착하자, 아브라함은 제단을 만들어 나무를 쌓았습니다. 그리고 나서 그는 아들 이삭을 붙잡아 묶어서 제단 위에 올려 놓았습니다. 드디어 아브라함이 그의 아들 이삭을 죽이려고 칼을 든 손을 높이 치켜 들었습니다.

그러자 갑자기 하늘에서 하나님의 천사가 급하게, "아브라함아! 아브라함아!"하고 불렀습니다. "제가 여기 있습니다" 하고 그는 대답했습니다. 천사가, "그 아이를 해치지 말거라. 그 아이의 털 끝 하나라도 다치게 하지 말거라. 이제 네가 너의 독자 이삭조차도 내게 아끼지 않았으니 내가 진실로 네가 나 하나님을 경외하는 줄을 알았다" 라고 말씀하셨습니다.

아브라함이 주변을 둘러 보니 숫양 한 마리가 수풀 덤불에 뿔이 걸려 있었습니다. 아브라함은 그 양을 잡아 자신의 아들 이삭 대신 희생 제물로 하나님께 드렸습니다. 아브라함은 그 곳 이름을, "하나님께서 예비하셨다" 라는 의미로 '여호와 이레' 라고 불렀습니다.

◈ 제자화 과정 ◈

1) 이 스토리를 듣고 난 후에 느낀 점을 이야기 해 보라.
(좋아하는 내용/ 싫어하는 내용 등)

2) 하나님께서는 아브라함에게 나타나셔서 무엇을 하라고 말씀하셨는가?

3) 하나님의 음성을 듣고 아브라함은 어떻게 반응했는가? 당신이라면 어떻게 했겠는가?

4) 아브라함의 독자 이삭 대신 하나님께서 양을 예비해 두신 사실에서 당신은 무엇을 느꼈는가?

5) 이 스토리 중 당신의 삶에서 이루어졌으면 좋겠다고 생각하는 부분은 어떤 부분인가?

◈ 실습과제 ◈

이번 강의를 통해 배운 스토리를 훈련 짝과 함께 암송하고 점검한다.

◈ 실천과제 ◈

지난 강의를 통해 배운 스토리를 개인 스토리와 함께 1과에서 기록했던 태신자에게 들려준다.

[주의해서 보아야 할 단어나 표현들]

[복] 이 말은 하나님께서 도와 주실 때, 선한 일을 베풀어 주실 때, 혹은 그분이 어떤 대상에게 호의를 베풀어 주시는 것을 의미한다. 아브라함은 하나님의 지시에 순종함으로 그와 그의 후손이 하나님께서 베풀어 주시는 복을 누리는 결과를 얻었다.

[희생제물] 우리말 성경에서는 번제로 나와 있다. 이 제사는 완전히 제물을 태워드리는 것으로 완전함 혹은 온전함을 의미한다. 번제 물로는 숫소, 숫양, 숫염소가 주로 사용되었으며 가난한 자들은 비둘기도 드릴 수 있었다. 희생 동물은 '흠 없는 수컷'(레22:20; 말1:8)이어야 했다.

[아브라함을 시험] 하나님이 시험하시는 뜻은 '은에서 찌꺼기를 제하기' 위함(잠25:4)이지 그를 의심하셨거나 불신하셨기 때문이 아니다. 아브라함의 믿음과 인격을 성숙하도록 하기 위한 성격이 강하다.

스토리작성

전체 스토리는 에덴에서 추방된 인간을 위해, 하나님께서 특별하게 선택하신 아브라함을 통해, 새롭게 시작되는 믿음의 두려운 행보가 어떻게 승리의 환희로 마쳐지는가를 그리고 있다. 아브라함은 두려움에서 시작했지만 하나님은 큰 만족과 기쁨으로 그의 두려움을 바꿔 주셨다.

스토리간의 결속력

[가시 덤불에 걸린 숫양 한 마리] 이삭을 대신하여 드려지게 될 희생제물을 하나님께서 친히 준비해 주신 것이다. 이삭의 생명을 대신한 숫양은 아담과 하와의 부끄러움을 가려준 가죽옷과 계속해서 연결되고 있다.

제자화 훈련

- 하나님은 시간이 걸릴지라도 약속하신 바를 반드시 이루어 주시는 분이시다.
- 하나님은 아브라함의 믿음이 성숙하여 온전해 지기를 원하셨다.
- 하나님은 그분을 진정으로 경외하는 자를 찾고 계신다.
- 하나님은 아브라함의 믿음을 보시고 은혜를 베풀어 주셔서 숫양을 준비시켜 주셨다.
- 하나님은 인간이 아끼고 좋아하는 대상을 아시고 또 인간이 그런 대상을 향해 어떤 마음을 가지고 있는 지를 아시는 분이시다.

이삭을 대신한 희생 제물 실습 점검 용지

	점검할 내용	평가		
내용	1) 서론 부분을 자연스럽게 시작하였는가?			
	2) 문제의 제기 후에 내적인 갈등을 잘 표현하였는가?			
	3) 갈등 후의 위기 상황에 대한 안타까움이 표현되었는가?			
	4) 결론의 문제 해결에 대한 기쁨과 만족함을 그대로 표현하였는가?			
	5) 마지막 하나님의 사랑과 보살핌에 대한 표현을 잘 나타내었는가?			
	6) 두 번에 걸쳐서 스토리의 내용을 변함없이 전달하였는가?			
	7) 5가지의 질문을 적절하게 잘 활용하였는가?			
	8) 질문에서 자신의 개인 스토리리가 적절하게 다루어 졌는가?			
태도	1) 상대를 충분히 배려하고 파악하고자 들으려는 태도를 취하였는가?			
	2) 자신의 분명한 믿음을 정직하고 진실하게 표현하였는가?			
	3) 자기 자신의 언어로 확실한 감정을 잘 표현하여 전달하였는가?			
	4) 전체 내용을 자연스럽게 제대로 암기하여 전달하였는가?			
	5) 시간을 적절하게 안배하며 분위기를 편안하게 인도하였는가?			
마무리	1) 질문을 자연스럽고 적절하게 활용하여 대답을 유도하였는가?			
	2) 상대방과 공감대를 형성하여 지속적인 만남의 여지를 두었는가?			
	3) 다음 약속 만남을 언급하고 구체적으로 약속을 잡았는가?			
	4) 상대의 필요를 위해 진지하게 기도하여 주고 마쳤는가?			
	5) 전하는 자 중심이 아니라 듣는 자 중심의 분위기를 형성하였는가?			

	내 용	태 도	마무리
개선점			

점검일자: 실습자: 점검자:

5

유월절 희생 제물

(출3:7~10, 11장,12장, 13:1~-16) ★ 탄식→환희 ★

아브라함의 아들 이삭 대신, 가시 덤불에 뿔이 걸린 숫양을 희생 제물로 드리고 살아난 아브라함의 아들 이삭의 후손은 이스라엘이라 불리는 민족이 됩니다. 오늘은 그 이스라엘 민족이, 민족 고유의 명절로 지키게 된 〈유월절〉에 관한 이야기를 나누도록 하겠습니다.

하나님은 아브라함의 후손을 이스라엘이라는 큰 민족이 되도록 특별한 과정을 허락하였습니다. 아브라함의 후손을 약속의 땅 가나안을 떠나 400년간 이집트 땅에서 살게 하신 것입니다. 그러나 그들은 이집트 땅에서 오랫동안 살게 되면서 소수민족으로서의 차별을 당하고, 온갖 고역을 겪으며 종과 다름없는 노예생활로 전락하고 말았습니다. 그들은 이집트 사람들의 잔혹한 압제에 허덕이며, 매일같이 그 고통에서 벗어나기를 그들의 조상인 아브라함의 하나님께 간구하였습니다. 이에 하나님은 이스라엘 백성을 노예 생활에서 해방시키려고 모세를 불렀습니다.

"모세야, 모세야! 나는 내 백성이 학대 받으면서 구해 달라고 하는 부르짖음을 내가 들었다. 이제 내가 너를 보내 압제하는 이집트 땅에서 내 백성을 이끌어 내도록 할 것이다."

그러나 이집트 왕이 이스라엘 백성을 노예 생활에서 놓아 보내기를 거절하자, 하나님은 이집트 땅에 아홉 가지 커다란 재앙을 내렸습니다. 그래도 이집트 왕의 마음이 완고해서 이스라엘 백성을 여전히 보내지 않았습니다. 그래서 하나님은 마지막 열 번째 재앙으로 이집트 모든 땅의 사람과 짐승을 포함해 처음 태어난 것을 쳐서 다 죽게 하셨습니다. 그러나 하나님은 이스라엘 백성들에게는, "일 년 된 수양을 잡아 그 피를 이스라엘 사람들이 사는 집 문설주에 바르라. 그 고기는 불에 구워서 누룩을 넣지 않은 빵과 쓴 나물과 함께 먹어라. 만약 아침까지 남은 것은 전부 불에 태워 버려라." 고 명하셨습니다. 그리하여 하나님의 군사가 이집트 땅을 칠 때에 문설주에 피가 있는 집은 뛰어 넘어서 그 집은 장자의 죽음에서 벗어나도록 조치하셨던 것입니다.

이스라엘 백성들이 하나님의 말씀대로 그 날 저녁 양을 잡아 그 피를 문설주에 바르고, 고기는 구워서 먹고 기다렸습니다. 그날 밤에 온 이집트 땅에 처음 태어난 것들의 죽음으로 인한 울음소리가 이집트 전역에 진동했습니다. 이집트 왕은 모세를 불러서, "너희 이스라엘 백성들은 즉시 내 백성을 떠나 너희가 원하는 대로 가서 너희 하나님을 섬기라" 고 말하며 이집트 땅에서 즉시 떠날 것을 허락했습니다. 이스라엘 사람들은 이집트 전국에 울려 퍼지는 죽음의 애곡을 뒤로하고, 수많은 양떼와 소떼 그리고 이집트 사람들로부터 그들이 원하던 귀중품들을 얻어 약속의 땅 가나안으로 돌아가게 되었습니다.

하나님께서는 그 날을 기념하여 이스라엘 민족에게 명절로써 〈유월절〉을 해마다 지키도록 명하셨습니다. "사람이나 짐승의 처음 난 것을 구별하여 다 내게 바치라. 너희가 종살이 하던 이집트에서 처음 난 것을 전부 죽이고 너희를 이끌어 낸 것을 항상 기억하도록 하기 위함이다" 라고 말씀해 주셨습니다.

◈ 제자화 과정 ◈

1) 이 스토리를 듣고 난 후에 느낀 점을 이야기 해 보라.
(좋아하는 내용/ 싫어하는 내용 등)

2) 당신은 이스라엘 민족의 울부짖는 기도를 들어주신 하나님께 대해 어떻게 생각하는가?

3) 이집트에서 노예와 같이 고역을 당하며 종살이하던 이스라엘 백성은 하나님께 부르짖어 그 종살이에서 해방되었다. 당신은 지금 어떤 고역에 시달리고 있는가?

4) 이스라엘 백성들이 문설주에 바른 일년 된 양의 피를 통해 당신은 어떤 것을 느끼는가?

5) 이 스토리 중 당신의 삶에서 이루어졌으면 좋겠다고 생각하는 부분은 어떤 부분인가?

◈ 실습과제 ◈

이번 강의를 통하여 배운 스토리를 훈련 짝과 함께 암송하고 점검하라.

◈ 실천과제 ◈

지난 강의를 통해 배운 스토리를 개인 스토리와 함께 1과에서 기록한 태신자에게 들려주라.

[주의해서 보아야 할 단어나 표현들]

[유월절] 불신자 혹은 초신 자들에게는 상당히 낯설고 들어보지 못한 말일 것이다. '넘어가다(passover)' 라는 말의 명사형인데, 이스라엘 자손의 집에 뿌려진 피를 통해 장자의 죽음으로부터 보호 받은 것을 기념하기 위한 명절로 전 민족적으로 지켜지게 된 것이다. 지금까지도 3,500년간 유대인들이 지키고 있는 가장 큰 명절에 해당된다.

[처음 난 자 / 장자] 첫 남자 후손, 즉 맏아들을 일컫는다. 히브리 인들의 문화에서 장자는 그 가족 또는 씨족의 머리로서 합법적인 상속인이었고 아버지의 죽음 후에는 가족의 재산 중에서 다른 사람보다 두 배의 유산을 물려받았다. 하나님은 이스라엘을 '하나님의 장자'(출4:22)라고 불렀는데 이것은 아브라함에 의해 선택 받았던 히브리 백성들을 향한 하나님의 특별한 사랑과 관심을 나타낸다.

이스라엘 백성들은 약속의 땅에 이르면 장자와 처음 난 수컷은 하나님께 구별해서 드려야 했다(민18:15). 짐승들 역시 하나님이 열 번째 재앙 때 베푸신 구속을 입었기 때문에 포함되었고, 사람은 인간을 제물로 바쳐 드릴 수 없었기 때문에 어린양이 대신 희생됨으로써 속해질 수 있었다.

[문설주] 출입문의 기둥 부분을 가리킨다. 이스라엘 백성들의 신앙에 중요한 역할을 하는 곳으로, 유월절 양의 피를 바른 곳이기도 하지만 하나님의 말씀을 항상 기억하도록 말씀을 이곳에 새긴 곳이기도 하다(신6: 9; 11:20).

스토리작성

본 스토리에서는 아브라함의 후손인 이스라엘 민족이 독립된 하나님의 통치 국가가 되기까지, 이집트에서 400년간의 생활을 마치고 이집트를 떠나게 되는 배경을 그리고 있다. 이집트의 폭압적인 잔혹한 통치자 아래서 탄식하던 이스라엘 민족은 하나님의 특별한 도우심(10가지 재앙)으로 이제 기쁨 가운데 약속의 가나안으로 돌아오게 되는 전환점(유월절 사건)을 맞이하고 있다.

스토리간의 결속력

[어린 양의 피] 아담의 부끄러움을 가려 준 가죽옷, 이삭의 생명을 대신한 가시덤불에 걸린 숫양, 그리고 이스라엘 가정마다 문설주에 뿌려진 숫양의 피는 모두 하나님이 택한 자의 생명을 사랑하여 그 대신 다른 희생제물을 사용하셨다는 공통된 특징을 가지고 있다.

제자화 훈련

- 하나님은 그분의 백성들이 부르짖는 소리를 들으시는 분이시다.
- 하나님은 선택적으로 한 인간의 생사를 주관하실 수 있는 분이시다.
- 하나님은 그분의 백성에게 베푸셨던 은혜를 잊지 않고 기억하기를 원하시는 분이시다.

유월절 희생 제물 실습 점검 용지

	점검할 내용	평가		
내용	1) 서론 부분을 자연스럽게 시작하였는가?			
	2) 문제의 제기 후에 갈등을 잘 표현하였는가?			
	3) 갈등 후의 위기 상황에 대한 안타까움이 표현되었는가?			
	4) 결론의 문제 해결에 대한 기쁨과 만족함을 그대로 표현하였는가?			
	5) 마지막 하나님의 사랑과 보살핌에 대한 표현을 잘 나타내었는가?			
	6) 두 번에 걸쳐서 스토리의 내용을 변함없이 전달하였는가?			
	7) 5가지의 질문을 적절하게 잘 활용하였는가?			
	8) 질문에서 자신의 개인 스토리리가 적절하게 다루어 졌는가?			
태도	1) 상대를 충분히 배려하고 파악하고자 들으려는 태도를 취하였는가?			
	2) 자신의 분명한 믿음을 정직하고 진실하게 표현하였는가?			
	3) 자기 자신의 언어로 확실한 감정을 잘 표현하여 전달하였는가?			
	4) 전체 내용을 자연스럽게 제대로 암기하여 전달하였는가?			
	5) 시간을 적절하게 안배하며 분위기를 편안하게 인도하였는가?			
마무리	1) 질문을 자연스럽고 적절하게 활용하여 대답을 유도하였는가?			
	2) 상대방과 공감대를 형성하여 지속적인 만남의 여지를 두었는가?			
	3) 다음 약속 만남을 언급하고 구체적으로 약속을 잡았는가?			
	4) 상대의 필요를 위해 진지하게 기도하여 주고 마쳤는가?			
	5) 전하는 자 중심이 아니라 듣는 자 중심의 분위기를 형성하였는가?			

	내 용	태 도	마무리
개선점			

점검일자: 실습자: 점검자:

6

예복을 입어야 하는 잔치

(마22:1-14) ★ 안타까움 ★

유월절의 10 번째 재앙을 통해서 이스라엘 백성들은 노예와 같은 이집트의 삶에서 벗어나 가나안 땅에서 독립 국가를 이루게 됩니다. 그렇지만 안타깝게도 하나님을 믿는 이스라엘 나라는, 세상 다른 나라들에게 하나님의 나라를 올바르게 보여주지 못하고 결국 멸망하고 말았습니다. 그 나라가 멸망한 후 지금부터 약 2,000년 전 로마가 세계를 지배하던 때에, 하나님의 영에 의해 예수님께서 바로 그 이스라엘 지역에서 태어나 보통 사람과 같이 성장하셨습니다. 어느 날 그분은 당시 이스라엘의 유대교 지도자들에게 하늘 나라에 대해 다음과 같은 이야기를 들려주셨습니다.

『어떤 왕국에 자신의 아들을 위하여 혼인 잔치를 크게 베푼 임금이 있었다. 그는 신하들을 보내서 미리 청하였던 손님들에게 혼인 잔치에 오라고 초대했는데, 모두가 참석하기를 거절하였다. 그래서 그는 다른 신하들을 다시 보내서 청하였던 손님들에게, "내가 살진 짐승을 잡고, 이미 모든 것을 넉넉하게 다 차려 놓았으니 혼인 잔치에 어서 오십시오." 하고 재차 청하였다. 그래도 저희가 들은 척도 하지 않고 어떤 사람은 자기 밭으로, 어떤 사람은 장사하러 가 버렸고, 나머지 사람들은 보낸 신하들을 모욕하고 잡아 죽여 버렸다. 이렇게 되자 임금이 화가 나서 군대를 보내 그 살인한 자들을 붙잡아 처형하고 그 동네는 불살라 버렸다.
그리고 나서 임금은 신하들에게, "혼인 잔치는 다 준비되었지만 청한 사람들은 자격을 잃었으니, 사거리 큰 길가로 나가서 만나는 사람들은 누구든지 혼인 잔치에 초청해 오너라" 하고 명하였다. 그 신하들이 길가에 나가서 악한 자나 선한 자를 막론하고 만나는 대로 모두 데려와 혼인 잔치 자리는 손님들로 가득 차게 되었다. 임금이 손님들을 맞으러 나가서 보니, 예복을 입지 않은 한 사람이 들어와 앉아 있는 것을 보았다. "그대는 어찌하여 내가 준비한 예복을 입지 않고 여기 들어왔는가?"하고 물었지만, 그는 아무 말도 대답하지 못하였다. 임금이 옆에 있던 보좌관들에게, "저 자를 결박하여 바깥 어두운 곳으로 당장 쫓아 내라! 거기서 슬피 울면서 이를 갈게 될 것이다."』라고 말했다.

이 이야기는 예수님께서 하나님의 아들로 이 땅에 오셔서 그분의 나라로 사람들을 초청하였지만, 당시 유대교 지도자들처럼 그분의 초청을 거부하는 자들과, 그분을 통해 주어지는 예복을 입지 않고 들어가려는 자들에게 심판이 임할 것임을 안타깝게 이야기하신 것입니다.

◈ 제자화 과정 ◈

1) 이 스토리를 듣고 난 후에 느낀 점을 이야기 해 보라.
(좋아하는 내용/ 싫어하는 내용 등)

2) 이 스토리에서 임금은 혼인 잔치에 어떤 사람들을 초청했는가?

3) 이 스토리에서 혼인 잔치에 초청받았던 사람들은 각각 어떻게 반응을 하였는가? 당신이라면 어떻게 반응했을 것 같은가?

4) 이 스토리에서 임금이 예복을 준비해두었다는 사실에 대해 당신은 어떤 느낌을 받는가?

5) 이 스토리 가운데 당신의 삶에서 이루어지길 바라는 것이 있다면 나누어 보자.

◈ 실습과제 ◈

이번 강의를 통하여 배운 스토리를 훈련 짝과 함께 암송하고 점검 한다.

◈ 실천과제 ◈

지난 강의를 통해 배운 스토리를 개인 스토리와 함께 1과에서 기록한 태신자에게 들려준다.

[주의해서 보아야 할 단어나 표현들]

[혼인잔치]이스라엘 사람들은 경사(특별한 손님의 방문 시, 아이가 젖을 뗐을 때, 결혼 시, 추수를 마쳤을 때 등)가 있을 때 음식을 차려놓고 여러 사람을 불러 모아 즐겼다. 잔치를 베풀기 전에 먼저 편지나 사람을 보내서 손님에게 참석 여부를 물었다. 그래서 잔치 당일이 되면 참석하겠다고 승낙한 사람들에게 다시 사람을 보내서 잔치에 모셔오는 것이 관례였다. 만약 잔치에 오겠다고 한 사람이 잔치 당일에 불참하는 것은 큰 결례와 거절일 뿐만 아니라 주인에 대한 인격 모독을 뜻하기도 했다.

[예복] 이스라엘에서는 혼인 예식에 참석하는 손님이 예복을 입지 않는 것은 주인에게 실례가 된다. 초대받은 손님들이 왕의 영접을 받고 잔치에 정식으로 참여하기 위해서는 왕이 준비한 옷(예복)을 입어야 한다는 사실을 강조하고 있다(이것은 일반적인 경우는 아니다). 왕은 "악한 자나 선한 자"를 다 초청하였으며 그들이 영접을 받을 수 있도록 옷을 주었다. 이것은 모든 믿는 자에게 그리스도를 통하여 주시는 하나님의 의의 선물(화목)을 가리키는 것이다(롬13:14, 갈3:27, 고후5: 20).

[심판] 예수께서는 유대 지도자들의 완악함에 대해 본 이야기 외에도 2가지 이야기(마21:26-40)를 더 하셨다. 세 이야기(두 아들의 이야기, 포도원 소작인의 이야기)의 공통점은 주인의 요청을 거절한 자들에게는 상응하는 대가(심판)가 있다는 점이다.

스토리작성

본 스토리는 혼인잔치와 같은 하나님 나라의 초청을 거부하는 이스라엘 유대교 지도자들에 대한 심판을 말하는 내용이지만, 그것은 동시에 오늘날의 상황과도 무관하지는 않을 것이다. 하나님 나라의 초청에 바르게 응답하지 못하는 자들에 대한 안타까움이 그려지고 있다. 하나님의 아들로 이 땅에 오신 예수께서는 모든 것을 다 준비하고 예비하여 마치 혼인잔치와 같이 기쁘고 즐거운 자리에 초대하고 있지만, 당시 유대교 지도자들은 이 하나님의 초청에 바르게 응답하지 않음으로 인해 심판이 내릴 것임을 보여 주고 있는 것이다.

스토리간의 결속력

[임금이 준비한 예복] 아담의 가죽옷, 이삭을 대신한 희생제물, 유월절 희생제물, 그리고 예복을 입어야 하는 잔치에서 계속해서 등장하는 내용은, 그분이 친히 준비한 특별한 것이 있음을 말하고 있다. 그것은 우리 인간 스스로는 만들어낼 수도 없을 뿐만 아니라 소유할 수도 없다는 사실이다. 그분만이 우리 인간에게 베풀어 줄 수 있는 유일한 것으로, 우리 인간에게는 반드시 필요한 것이다.

제자화 훈련

- 하나님은 여러 차례에 걸쳐서 기회를 주시며 초청하고 또 초청하시는 분이시다.
- 하나님은 하늘 나라로 초청하는 대상을 제한하지 않으신다.
- 하나님은 그분이 준비한 예복을 입지 않은 자는 결코 그 나라에 들어갈 수 없도록 하셨다.

예복을 입어야 하는 잔치 실습 점검 용지

	점검할 내용	평가		
내용	1) 서론 부분을 자연스럽게 시작하였는가?			
	2) 문제의 제기 후에 갈등을 잘 표현하였는가?			
	3) 갈등 후의 위기 상황에 대한 안타까움이 표현되었는가?			
	4) 결론적으로 문제에 대한 해결 방법이 표현되었는가?			
	5) 마지막 하나님의 사랑에 대한 표현을 잘 나타내었는가?			
	6) 두 번에 걸쳐서 스토리의 내용을 변함없이 전달하였는가?			
	7) 5가지의 질문을 적절하게 잘 활용하였는가?			
	8) 질문에서 자신의 개인 스토리리가 적절하게 다루어 졌는가?			
태도	1) 상대를 충분히 배려하고 파악하고자 들으려는 태도를 취하였는가?			
	2) 자신의 분명한 믿음을 정직하고 진실하게 표현하였는가?			
	3) 자기 자신의 언어로 확실한 감정을 잘 표현하여 전달하였는가?			
	4) 전체 내용을 자연스럽게 제대로 암기하여 전달하였는가?			
	5) 시간을 적절하게 안배하며 분위기를 편안하게 인도하였는가?			
마무리	1) 질문을 자연스럽고 적절하게 활용하여 대답을 유도하였는가?			
	2) 상대방과 공감대를 형성하여 지속적인 만남의 여지를 두었는가?			
	3) 다음 약속 만남을 언급하고 구체적으로 약속을 잡았는가?			
	4) 상대의 필요를 위해 진지하게 기도하여 주고 마쳤는가?			
	5) 전하는 자 중심이 아니라 듣는 자 중심의 분위기를 형성하였는가?			

개선점	내 용	태 도	마무리

점검일자: 실습자: 점검자:

7

약속된 언약의 피

(마26:17~29, 마27장) ★ 사랑 ★

하나님의 아들, 예수를 통한 하늘 나라의 초청을 거부한 이스라엘 유대교 지도자들은 결국 그분을 죽이기로 다 같이 의견을 모았습니다. 이 같은 사실을 아시고 그분은 자신을 따르던 자들과 함께 이스라엘 사람들의 명절인 유월절 저녁 만찬을 이 땅에서 마지막으로 지키게 되는 이야기입니다.

그 유월절 명절 첫날에 예수를 따르던 자들이 그분께 나아와서, "우리가 유월절 음식을 어디다 마련할까요?" 하고 물었습니다. 그러자 그분은, "너희는 예루살렘 성 안에 들어가 한 사람에게 가서,'우리 선생님이 자기 때가 가까우므로 따르는 자들과 함께 댁에서 유월절을 지키겠다고 하십니다' 하여라." 그래서 따르던 자들은 그분이 일러준 대로 가서 유월절을 준비하였습니다. 그 날 밤 저녁 식탁에서 그분은 가장 가까이 따르던 열두 명과 같이 자리를 함께 했습니다.

그분은 저희와 식사를 같이 하시면서, "내가 사실대로 말하는데 너희 가운데 한 사람이 나를 팔아 넘길 것이다"라고 이야기하셨습니다. 저들이 매우 슬퍼하면서 말하기를, "주님, 저는 아니지요?"하고 물었습니다. 그분은, "나와 함께 그릇에 손을 넣는 그 사람이 나를 팔 것이다. 나는 성경에 이미 기록된 대로 죽을 것이지만, 나를 파는 그 사람에게는 불행이 닥칠 것이다. 그는 차라리 태어나지 않았더라면 더 좋았을 것이다." 라고 이야기 하셨습니다. 그때 그분을 팔아 넘길 유다가, "선생님, 저입니까?"하고 물었습니다. 그분은 "네가 말하였다." 하고 대답하셨습니다.

저들이 함께 식사할 때에 그분은 빵을 들어 감사 기도를 드리고 나누어 주시면서, "자, 받아 먹어라. 이것은 내 몸이다." 라고 말하였습니다. 또 잔을 들어서 감사 기도를 드리고 난 후 나누어 주시면서, "모두가 이 잔을 마셔라. 이것은 많은 사람의 죄를 용서하기 위하여 흘리는 나의 피 곧 약속된 언약의 피이다. 내가 마지막으로 말하는 것은, 내 아버지의 나라에서 너희와 함께 새 것으로 마시는 그 날까지 내가 결코 포도나무에서 난 것을 마시지 않을 것이다." 라고 말씀하셨습니다(마26: 17~29).

유월절 저녁 만찬을 마치신 후에 그분은 따르던 자들과 함께 겟세마네 동산으로 가서 기도하시다가, 유대교 최고 지도자인 대제사장이 보낸 무리들에 의해 체포되었습니다(마26: 36~56). 그들은 당시 로마 총독 빌라도에게 거짓 증인을 내세워 고발하여 부당한 사형 판결을 받아냈습니다(마27장). 결국 그분은 에덴에서 수치스럽게 추방된 아담의 죄악을 가리기 위해 가죽을 제공하였던 짐승과도 같이, 이삭의 생명을 대신해 희생제물이 되었던 양과 같이, 이스라엘 백성들의 장자를 구원하기 위한 유월절의 희생 양과 같이, 혼인 잔치에서 임금이 준비한 예복과 같이, 하나님이 인간을 구원하기 위해 친히 예비한 제물로 그 생명을 내어 주셨던 것입니다.

◈ 제자화 과정 ◈

1) 이 스토리를 듣고 난 후에 느낀 점을 이야기 해 보라.
(좋아하는 내용/ 싫어하는 내용 등)

2) 왜 하나님은 이스라엘이 국가적 명절로 지키던 유월절에 예수가 체포되어 죽게 하셨는가?

3) 예수의 몸을 상징하는 빵과, 피를 상징하는 잔의 의미는 무엇이라고 말해 주고 있는가?

4) 당신은 이 스토리에서 예수님의 몸과 피를 통해 어떤 느낌을 받게 되는가?

5) 이 스토리 중 어떤 부분이 당신의 삶에서 이루어졌으면 좋겠다고 생각하는가?

◈ 실습과제 ◈

이번 강의를 통하여 배운 스토리를 훈련 짝과 함께 암송하고 점검한다.

◈ 실천과제 ◈

지난 강의를 통해 배운 스토리를 개인 스토리와 함께 1과에서 기록한 태신자에게 들려준다.

[주의해서 보아야 할 단어나 표현들]

[유월절 명절 첫날] 유월절은 유대인들이 지키는 명절 중에 가장 큰 명절로 7일간 지속되었으며, 공식적으로 희생 제물을 드렸고 개인은 누룩 없는 빵과 쓴 나물 등을 먹는다.

[나와 함께 그릇에 손을 넣는 자] 모두가 함께 같은 그릇에 손을 넣어 음식을 먹고 있었기에 특별한 사람을 지목한다고 보기는 어렵다. 가룟 유다와의 대화도 은밀하게 진행된 것으로 보이기 때문에 다른 사람들은 그가 예수를 배반할 것이라는 걸 전혀 알지 못했을 것이다.

[언약의 피] 모세가 시내 산에서 이스라엘 백성에게 뿌린 '언약의 피'(출24:8, 하나님과 이스라엘 백성간의 언약)와 같이 그분의 피는, 하나님과 예수를 믿는 자들 간의 새 언약이 되는 것이다. 그분의 피를 믿는 자마다 죄 사함 받고(행10:43; 롬11:27), 하나님과 화목하게 되며(골1:22, 고후5:18,19), 구원을 받게 된다(히9:28).

스토리작성

본 스토리는 하나님의 아들로 이 땅에 오신 예수께서 마지막 유월절의 희생제물로 죄인인 인간의 죄악을 대신 감당하신 것을 말해주고 있다. 이스라엘 민족 전체가 축제와 명절로 지켜오던 유월절, 장자의 죽음을 면하기 위해 문설주에 피를 제공하기 위해 죽어야 했던 양과 같이 대속적 죽음을 감당하신 것이다.

스토리간의 결속력

[예수의 몸과 피] 바이블 스토리 텔링 초급 과정에서 제시하는 결론이라고 말할 수 있다. 아담의 가죽 옷도, 이삭을 대신한 희생 양도, 유월절 희생 제물도, 그리고 임금이 준비한 예복도 모두 예수의 대속적 죽음을 말하기 위하여 사용한 이야기들이다. 하나님이 죄악가운데 수치스럽게 에덴에서 추방당한 인간을 위하여, 최종적으로 그분 자신이 그 값을 대신 치르고 부끄러움을 덮어 가려주신 사랑을 그분의 죽음에서 발견하게 된다.

제자화 훈련

- 이 땅에 오신 예수는 하나님과 동격으로 미래에 일어날 일을 미리 아시는 분이다.
- 하나님은 유월절과 같은 예표를 통해 미리 보여 주시고 실제적으로 일을 진행해 가시는 분이다.
- 하나님은 인간의 죄를 용서하기 원하시며 그 값을 대신 지불하신 분이다.
- 하나님은 인간의 고뇌, 아픔, 슬픔, 외로움, 죽음을 모두 경험하고 아시는 분이시다.

약속된 언약의 피 실습 점검 용지

	점검할 내용	평가		
내용	1) 서론 부분을 자연스럽게 시작하였는가?			
	2) 문제의 제기 후에 갈등을 잘 표현하였는가?			
	3) 갈등 후의 위기 상황에 대한 안타까움이 표현되었는가?			
	4) 결론적으로 인간의 죄 문제에 대한 해결 방법이 표현되었는가?			
	5) 마지막으로 하나님의 사랑에 대한 표현을 잘 나타내었는가?			
	6) 두 번에 걸쳐서 스토리의 내용을 변함없이 전달하였는가?			
	7) 5가지의 질문을 적절하게 잘 활용하였는가?			
	8) 질문에서 자신의 개인 스토리리가 적절하게 다루어 졌는가?			
태도	1) 상대를 충분히 배려하고 파악하고자 들으려는 태도를 취하였는가?			
	2) 자신의 분명한 믿음을 정직하고 진실하게 표현하였는가?			
	3) 자기 자신의 언어로 확실한 감정을 잘 표현하여 전달하였는가?			
	4) 전체 내용을 자연스럽게 제대로 암기하여 전달하였는가?			
	5) 시간을 적절하게 안배하며 분위기를 편안하게 인도하였는가?			
마무리	1) 질문을 자연스럽고 적절하게 활용하여 대답을 유도하였는가?			
	2) 상대방과 공감대를 형성하여 지속적인 만남의 여지를 두었는가?			
	3) 다음 약속 만남을 언급하고 구체적으로 약속을 잡았는가?			
	4) 상대의 필요를 위해 진지하게 기도하여 주고 마쳤는가?			
	5) 전하는 자 중심이 아니라 듣는 자 중심의 분위기를 형성하였는가?			

개선점	내 용	태 도	마무리

점검일자: 실습자: 점검자:

1. 바이블스토리텔링 초급 8주 교육 과정

	교육 내용	실습과제(암송)	실천과제(증거)
1주	바이블 스토리 텔링 개관	태신자 명단 작성	개인스토리 작성
2주	개인 스토리 만들기	개인 스토리 보완	확정된 개인 스토리 암송
3주	아담의 가죽 옷	아담의 가죽 옷	개인 스토리 증거
4주	이삭을 대신한 희생제물	이삭을 대신한 희생제물	아담의 가죽옷
5주	유월절 희생 제물	유월절 희생 제물	이삭을 대신한 희생제물
6주	예복을 입어야 하는 잔치	예복을 입어야 하는 잔치	유월절 희생 제물
7주	약속된 언약의 피	약속된 언약의 피	예복을 입어야 하는 잔치
8주	종합 정리 및 평가와 수료	평가서 제출	약속된 언약의 피

1) 기초 교육과정은 실습과제와 실천과제가 제시되는데 각자 최선으로 그것을 완수하도록 힘써야 한다.
2) 개인 스토리를 잘 작성하는 것이 핵심이며 반드시 점검을 받아야 한다. 각 성경스토리마다 각각 다른 개인 스토리가 적용되고 활용된다는 점을 기억해야 한다.
3) 기본 강의와 실습은 정해진 훈련 짝과 함께 강의 후 강의실에서 진행되지만, 실습과제는 별도의 훈련 짝과 약속만남을 통해 이루어져야 한다.
4) 수료를 위하여 다음의 기준을 충족하여야 한다.

내용	출결 상황	짝 점검	실천과제	주간보고서
기준	8주(7번까지)	7번 짝 점검(100%)	8주(최소 5개까지)	6주 보고서
설명	1번 결석(지각)은 수료로 처리됨.	결석하더라도 짝 점검은 이루어져야 함.	개인 스토리는 외워서 전해야 함.	보고서는 모두 제출 요함

2. 짝 점검 용지

	실습과제(암송)	짝 점검	실천과제(증거)	본인확인
1주	태신자 명단 작성		개인스토리 작성	
2주	개인 스토리 발표		수정된 개인 스토리 암송	
3주	아담의 가죽 옷		개인 스토리 증거	
4주	이삭을 대신한 희생제물		아담의 가죽옷	
5주	유월절 희생 제물		이삭을 대신한 희생제물	
6주	예복을 입어야 하는 잔치		유월절 희생 제물	
7주	약속된 언약의 피		예복을 입어야 하는 잔치	
8주	평가서 제출		약속된 언약의 피	

(☞ 반드시 주 단위로 점검과 실천이 이루어져야 함)

3. 태신자 명단 작성 리스트

	태신자 명단	전한 스토리(일자)	순모임연결	주간보고서
1				
2				
3				
4				
5				
6				
7				
8				
9				
10				

4. 인간의 감정목록 도표 (출처: 『감정과 이성』)

	감정 목록	유발 원인	행동 경향
관계장애감정	분 노	개인의 권익을 침해(모욕) 당할 경우	– 보복, 전치, 토라짐
	선 망	자격이 있는데도 갖지 못했다 느낄 경우(타인의 소유를 원하는 것)	– 타인의 성공을 못마땅하게 여김.
	질 투	자신의 호의를 상실하거나 혹은 상실할 것이라 예상되는 경우.	– 파괴적 돌출 행동 – 제 3자에 보복(단절)
자존감 장애 감정	불 안 (공 포)	불확실한 실존에 대한 위협 때문에 걱정, 근심에 사로 잡힐 경우.	– 산만한 염려 의식 – 현실적 안전장치 도모
	죄책감	도덕적 규범이나 양심을 어겼다고 생각될 경우	– 속죄, 보상, 배상 – 속죄양이 되고자 함.
	수치심	개인적 이상(슈퍼에고 super ego)에 따라 행동하지 못했다고 느낄 경우	– 수줍음 – 비판, 거부, 포기, – 수치를 완고히 은닉함
악조건에서 감정	안도감	두려워하던 일이 현실화되지 않은 경우.	– 긴장 완화(온화) – 원인 제공자에 분개
	희 망	상황이 절망적일지라도 나아질 가능성이 있다고 믿을 경우	– 낙관적 태도 – 현실 인식 왜곡
	슬 픔 (우 울)	회복 불가능한 커다란 상실을 겪게 되었을 경우	– 부정, 체념, 인정 – 그리움 – 자기 학대
이상적 감정	행 복	목표들을 성취하는 방향으로 적당한 진전을 이룰 경우	– 평안(긍정적) – 원만한 대인관계
	긍 지	가치 있는 물건이나 업적을 인정받음으로 개인적 가치를 고양시킬 경우	– 성취감 – 자만(오만)
	사랑 – 로맨틱	상호간에 애정과 신체적 친밀함을 바랄 경우	– 수용(관계 발전) – 거부 시 단절/폭력
	사랑 – 우애적	애정을 바라며 서로 긍정적 존중과 관심이 상호작용할 경우	– 행복 – 실망(실의)
감정 이입·공감	감사	이타적인 자세로 무조건적인 은혜를 베풀 경우	– 고마움 표시 (비슷하게 베풂) – 분개, 불안, 수치심
	동정심	타인의 고통에 따른 도움 요청을 받고 마음이 동할 경우	– 적절한 도움 제공 – 감정적 거리 유지
	미학적 경 험	영화, 무대 드라마, 그림, 음악 등을 통해 그 의미를 발견하게 경우.	– 작가 의도대로 느낌. – 감정의 공감이 미약.

5. 성경 스토리 텔링 초급 반 실천 주간 보고서

제(　)주차	기　간	20 년 월 일부터 20 년 월 일 주간				
훈련생 이름	(　　)		(　　)교회			
묵상 스토리 제목						
실습 점검 내역	암기(완전, 부분, 불가)		짝 점검 (실시함, 실시 못함)			
일별 묵상	일자	묵상(분)	깨달은 사실(하나님/인간)			기도 제목
	1)					
	2)					
	3)					
	4)					
	5)					
	6)					
실천 점검 내역 (지난주 스토리)	(　) 들은 사람 이름	반응			순모임 초청과 연결 여부	
		우호	무관심	적대	초청여부	연결여부
	1)					
	2)					
	3)					
	4)					
	5)					

상기와 같이 성경 스토리 텔링 훈련과정 (　)주차 실천사역을 실시하였습니다.

훈련생 (　　)　파트너 (　　)　책임자 (　　)

자
르
는
선

6. 훈련 평가서

훈련생 (___________)

〈바이블스토리텔링〉 초급 훈련 참여 소감 및 건의사항
(※이 훈련 참여 소감은 본 훈련을 홍보하기 위하여 실명으로 활용될 수 있습니다)

- 차기 〈바이블 스토리 텔링〉 초급 반 훈련에 자원봉사자로 참여할 수 있습니까? (예 / 아니오)
- 〈바이블 스토리 텔링〉 중급 반 훈련에 참여할 수 있습니까? (예 / 아니오)
- 본 바이블 스토리 텔링 본부에서 실시하게 될 해외 미 전도지역 단기 선교에 참여할 의사가 있으십니까? (예 / 아니오)
- 차기 〈바이블 스토리 텔링〉 초급 반 훈련에 추천할 분들 명단
  (이곳에 훈련 하실 분들을 추천해 주시면 본 사역 본부에서 연락을 드린 후 원하시는 분들에게 훈련 등록 신청서를 보내드립니다)

	이름(직위)	교회명	전화(핸드폰)	이메일 주소
1				
2				
3				
4				
5				

참고문헌

김미경, 《김미경의 아트스피치》, 21세기북스, 2010년 5월.

김민주, 《성공하는 기업에는 스토리가 있다》, 청림 출판, 2003년 9월.

김호용, 《성경전서 표준 새 번역》, 대한성서공회, 1993년 3월.

뉴 톰슨 관주 주석성경 편찬위원회, 《뉴톰슨 관주 주석 성경》, 성서 교재 간행사, 1986년 9월.

데이비드 하워드 · 에드워드 마블리 공저, 《시나리오 가이드》, 한겨레 신문사, 2009년 3월.

리처드 래저러스 · 버니스 래저러스 지음, 《감정과 이성》, 문예출판사, 1997년 10월.

브루스 칼톤, 채천석 역, 《프로젝트 Acts 29》, 한국강해설교출판부 · GAP, 2007년 7월.

빌 하이벨스, 정성묵 역, 《사랑하면 전도합니다》, 두란노, 2009년 9월.

사이드 필드, 유지나 역, 《시나리오란 무엇인가》, 민음사, 2009년 3월.

앨런 P. 로스, 강성렬 역, 《창세기》, 도서출판 두란노, 1992년 11월.

유진 피터슨, 《메시지 신약》, 복 있는 사람, 2009년 12월.

존 D. 헤나 · F. 드레인 린지, 김태훈 역, 《출애굽기 · 레위기》, 도서출판 두란노, 1992년 5월.

피터 스카지로, 《정서적으로 건강한 영성》, 생명의 말씀사, 2008년 2월.

최예정 · 김성룡 공저, 《스토리 텔링과 내러티브》, 글누림, 2005년 12월.

하용조. 《비전성경사전》. 두란노, 2007년 3월.

David, Garrison. 《Storytelling Training for Trainers》, IMB.

Joel B. Green, Scot McKnight, I. Howard Marshall. 《Dictionary of Jesus and the Gospels》, Illinois: IVP, 1992.

Richards, Larry. 《The Victor Bible Background Commentary New Testament》. Illinois: Victor Books/SP Publications, Inc. 1994.

Richard, Polcyn & Verlyn D. Verbrugge. 《Zondervan NIV BIBLE COMMENTARY Volume 2: New Testament》. Grand Rapids: Zondervan Publishing House, 1994.